AF369790

SOUVENIRS
D'UNE MORTE VIVANTE

Unissez-vous
les uns avec les autres
pour vous soutenir
L'UNION FRATERNELLE.
CAISSE
de
Retraite, Vie, Décès.
DIPLÔME.
Fraternelle

VICTORINE B.

Souvenirs d'une morte vivante

PRÉFACE DE LUCIEN DESCAVES

Cecy est un livre
de bonne foy
MONTAIGNE

LAUSANNE
LIBRAIRIE A. LAPIE
Rue de la Louve

1909

PRÉFACE

*J'avais d'abord conseillé à notre amie Victorine B...,
ambulancière pendant le Siège et combattante sous la
Commune, de ne pas faire suivre de points l'initiale de
son nom et d'imprimer celui-ci tout net, afin d'apprendre
d'emblée au lecteur, que la main qui tient aujourd'hui
la plume, est la même main qui se crispait, il y a trente
huit ans, sur la hampe du drapeau rouge.*

*Puis, à la réflexion, j'ai approuvé Victorine B... de
vouloir rester obscure, anonyme, et de se ranger ainsi,
courageusement, parmi les compagnes, les filles et les
sœurs de ces insurgés au sujet desquels Alexandre Dumas fils écrivait, dans son impardonnable* Lettre *sur les
choses du jour :*

*« Nous ne dirons rien de leurs femelles, par respect
pour les femmes à qui elles ressemblent, quand elles
sont mortes ! »*

*Comme si le discours de l'intrépide vide-bidet du De-
mi-Monde et de la dame aux camélias, ne s'adressait
pas davantage à sa faisanderie d'héroïnes qui n'ont jamais rêvé, elles, plus haut que le nombril !*

*Donc l'auteur de ces Souvenirs avait raison contre
moi. Du moment qu'elle ne les signait pas — étant vivante — Une Femelle, elle ne pouvait les signer que*
Victorine B...

Il ne faut pas chercher de littérature en ce livre. La femme, bientôt septuagénaire qui l'a écrit, se borne à nous raconter sincèrement, ingénument, ce qu'elle a vu, ce qu'elle a fait, ce qu'elle a vécu.

On ne demande pas d'exercices de style, pas de figures de rhétorique, pas d'enjolivements, aux militaires de la grande armée dont nous lisons les Cahiers de soldats, Cahiers qui sont aussi, au point de vue de la forme, des cahiers d'écoliers.

Pourquoi se montrerait-on plus exigeant envers l'ouvrière enrôlée dans l'armée de la Révolution, où elle fit son devoir ?

Félicitons-nous plutôt qu'elle ne fignole pas. Un modique vocabulaire et des rudiments de syntaxe, suffisent à quiconque n'a pas l'intention de mentir ou d'épater.

Je me rappelle mon contentement le jour où Victorine B... me révéla qu'elle avait été à la fois ambulancière et cantinière d'un bataillon fédéré. J'allais donc entendre une nouvelle déposition relative à l'abus de la boisson parmi les défenseurs de la Commune !

Tous alcooliques ! est encore le mot d'ordre. C'est l'alcoolisme qui les jeta dans le délirium tremens insurrectionnel et aida heureusement l'armée régulière à réduire des gens qui cuvaient leur ivresse dans le ruisseau, derrière les barricades. Aux uns on passa la camisole de force, aux plus furieux, on n'eut qu'à donner le coup de grâce.

Agacé comme moi, un beau jour, par ces affirmations mensongères, Nadar, tout chaud tout bouillant, comme s'il avait non pas quatre-vingts ans, mais quatre fois vingt ans, protesta ab irato contre l'absurde légende.

« *Il n'y eut, dit-il, ni plus ni moins d'ivrognes sous la Commune, que lorsque les grands restaurants de nuits sont ouverts... Vers ce Montmartre où la boutique du liquoriste n'alterne que trop avec celle du marchand de vin, et où m'appelait souvent mon service de nuit, il ne m'arriva pas une seule fois de rencontrer dans mon trajet l'ivrogne coutumier, non plus que la fille errante. Il nous fut alors donné, à nous et à tous autres, de voir ce que nous avons de nos yeux vu, l'insupposable, l'inoubliable spectacle de Paris — sans gaz comme sans police*, sobre et chaste.[1] »

Un homme dont le témoignage n'est pas moins précieux, le Dr J. Bach, ancien chirurgien des bataillons de la garde nationale, écrivait lui-même, peu de temps après Nadar.

« *Du 2 avril à la fin de la décade sanglante, j'ai été constamment en contact avec les fédérés et principalement avec les Marins de la Commune, et je puis affirmer qu'au point de vue de l'abus des boissons alcooliques, je n'ai rien observé de particulier... L'influence de l'alcoolisme sur l'état moral de la population qui défendait Paris au nom d'un gouvernement régulièrement élu, n'est qu'une légende inventée pour atténuer l'horreur des massacres commis par les gens dits de l'ordre. — absolument comme le pillage organisé et les incendies au pétrole.* »

Quant à moi, je m'étonnais seulement que le fédéré réduit pour vivre aux trente sous de sa solde, les bût

---

[1] Voir Chronique Médicale des 15 débembre 1901, 15 janvier, 1er février 15 mars 1902

régulièrement, sous prétexte que l'alcool est un aliment dispensant de toute autre nourriture. Car Louis Lazare dit bien que les débitants n'ouvrirent pas un oeil *plus* grand à leur clientèle sous la Commune que sous l'Empire, et que beaucoup d'entre eux rendirent des galons imprudemment acceptés, en se voyant exposés, par reconnaissance, « à vider leurs caves, sans remplir leur caisse[1]. »

Il ne semble pas non plus que Kropotkine ait altéré la vérité, lorsqu'il a déposé : « *Je fus frappé de l'influence moralisante exercée par l'Internationale. La plupart des internationalistes parisiens s'abstenaient presque complètement de boire, et tous avaient renoncé à fumer*[2]. »

Victorine B..., bien placée, elle aussi, pour savoir à quoi s'en tenir, confirme les déclarations de Nadar, du Dr Bach et de Kropotkine. Cantinière aux avant-postes, elle y a été respectée par des hommes entre deux feux, souvent, — entre deux vins, jamais !

Il était bon que cela fût répété.

Je sais gré à Victorine B... de contribuer à détruire d'autres fables accréditées par Maxime Du Camp et consorts.

Car l'observateur des Convulsions de Paris n'a pas été plus tendre que son confrère ou compère Dumas fils, pour les femmes qui participèrent au mouvemeut communaliste.

« *Elles n'eurent, fulmine-t-il, qu'une seule ambition : s'élever au-dessus de l'homme en exagérant ses vices... Elles furent mauvaises et lâches... Comme ambulancières, elles abreuvèrent les blessés d'eau-de-vie sous prétexte*

---

[1] *Louis Lazare.* France et Paris. 1 vol. 1872.

[2] *Kropotkine.* Autour d'une vie.

de les « remonter... Elles se déguisèrent en soldats..., et ainsi vêtues en chienlits, elles s'armèrent, firent le coup de feu et furent implacables. Elles se grisèrent du sang versé par elles et eurent une ivresse furieuse qui fut horrible à voir... Elles étaient toutes là, s'agitant et piaillant, les pensionnaires de St-Lazare en vacances, les natives de la petite Pologne et de la grande Bohème, les marchandes de tripes à la mode de Caen, les couturières pour messieurs, les chemisières pour hommes, les institutrices pour étudiants majeurs, les bonnes pour tout faire, les vestales du temple de Mercure et les vierges de Lourcine... »

J'abrège la citation qui paraîtra, telle quelle, trop copieuse encore. Mais ne faut-il pas que le lecteur de bonne foi soit mis à même de confronter ces portraits de femmes de la Commune, aux modèles qui s'appelaient Louise Michel, Maria La Cécilia, Marie Ferré, Nathalie Le Mel, Aline Jacquier, Béatrix Excoffon, Blanche Lefèvre, V. Tinayre, Marceline Leloup. Elisabeth Dmitrieff, Adèle Gauvin, Malvina Poulain, André Lèo, Paul Mink, Augustine Chiffon, Elisabeth Rétif, Suétens, Papavoine, Marchais, Deletras, Jarry, Jaclard, A. Desfossés, Blin, Poirier, Danguet, Goullé, Smith, Cailleux, Dupré, etc

La citation que je demande pardon d'écourter, la voilà ! Mais Victorine B..., anonyme, sera l'interprète des centaines de pétroleuses que j'ai le regret d'omettre.

Pétroleuses ! Aux derniers jours de la Commune, pendant la semaine rouge, cette désignation fut mortelle aux malheureuses qui la recevaient d'un concierge vindicatif, d'un voisin perfide, d'un passant halluciné, de n'importe qui... Mais plus tard, en exil, le mot marqua à l'épaule non seulement les réfugiées, mais les amies mêmes qu'elles avaient.

En 1871, oui, sept ans après l'écrasement de la Commune, lorsque l'ancien colonel commandant l'Ecole Militaire, Razoua, mourut à Genève et fut enterré civilement, des femmes accompagnèrent sa dépouille au cimetière, comme elles accompagnaient. aussi bien, celle de tous les exilés qui décédaient. Or, un informateur du Courrier de Genève, offusqué de voir des femmes suivre le convoi, contrairement aux usages de son pays, rendait compte ainsi de la cérémonie :

« Immédiatement après le cercueil, venaient trente ou quarante femmes formant la tête du cortège composé d'environ trois cents personnes. Ces femmes-là étaient-elles des pétroleuses ? Le fait est que jamais Genève n'a vu des femmes à un cortège funèbre. »

Aux lecteurs de ce livre, Victorine B.... dira qu'elle n'échappa elle-même que par miracle aux conséquences de la terreur habilement répandue dans Paris par les suppôts de la répression. Le titre : Souvenirs d'une morte vivante trouve son explication dans l'inadvertance des bourreaux, qui n'avaient pas le temps de vérifier l'identité des victimes.

Une inconnue qui, peut-être, ne ressemblait ni peu ni prou à Victorine B.,.. fut collée au mur et fusillée à sa place, comme avaient été collés au mur et fusillés à la place de Vallès, de Billioray, d'Amouroux, d'Eudes, de Vaillant, de Mortier, de Gaillard, et de tant d'autres, on ne sait quels pauvres diables coupables d'un air de famille !

Lefrançais, le membre de la Commune, m'a souvent raconté la rencontre qu'il fit, étant proscrit, à Lausanne, d'un de ses amis stupéfait de retrouver vivant ce Lefrançais qu'il avait vu, de ses yeux, fusiller rue de la Banque, au coin de la rue Paul Lelong ! ...

Si bien que mon cher Lefrançais eût pu, lui aussi, intituler les Mémoires qu'il a laissés : Souvenirs d'un mort vivant [1].

Ai-je dit que l'infortunée, tuée par les soldats sous le nom de Victorine B.... leur avait été signalée comme incendiaire, comme pétroleuse ?

Si l'accusation était fondée en ce qui concerne Victorine B..., je connais celle-ci, elle n'eût pas attendu trente-huit ans pour revendiquer la responsabilité de son acte.

J'ai, en Suisse également, un autre excellent ami, qui mit le feu à l'Hôtel de Ville. Il ne s'en cache pas, et je ne l'estime pas moins pour cela.

Tous les grands capitaines, tous les conquérants glorifiés, ont licence de déclarer qu'on ne fait pas d'omelette sans casser des oeufs.

La défaite de la Commune vient peut-être de ce qu'elle n'en a pas cassé de quoi nourrir ses défenseurs et leurs familles.

Ah ! l'honnêteté de ces bougres-là, n'en parlons plus, voulez-vous ? Elle leur a été assez funeste .

L'honnêteté..., dans les guerres civiles, c'est la morphine qu'on administre aux vaincus, pour calmer leur douleur de s'être laissé battre !

Paris, Décembre 1908.   LUCIEN DESCAVES

[1] Gustave Lefrançais. Souvenirs d'un révolutionnaire. 1 vol. Bruxelles, 1902.

REMARQUE

Le casier judiciaire de l'auteur des « Souvenirs d'une morte vivante » délivré en 1874 » porte ces mots : Se disant Victorine R..., née M. Ainsi le gouvernement considérait Madame B. comme morte.

Voulant faire comprendre la situation véritable du peuple parisien durant les évènements de 1870-71, aux étrangers aussi bien qu'aux Français qui ne connaissent guère que l'histoire officielle, l'auteur s'est efforcé d'écrire le plus simplement possible en évitant toute recherche de style.

G. B.

EXTRAIT D'UNE POÉSIE DE L'AUTEUR

Le Chant de l'Avenir (musique de F. Révillon. Genève, in-folio 1874)

Satory, Nouméa, de sinistre mémoire !
Vos noms toujours maudits par la postérité
Ne terniront jamais pour l'impartiale histoire
L'honneur de nos héros morts pour l'humanité.

Paris 1872.

Victorine B.

TABLE DES MATIÈRES

PREMIÈRE PARTIE

CHAPITRE I

1848

Ma famille habitait à Paris, rue de la Ferronnerie, non loin du commencement de la rue St-Honoré, près des Halles, au 1ᵉʳ étage, au-dessus de la voûte où Henri IV avait été assassiné par Ravaillac (un capucin fanatique) ; à la porte d'entrée existe encore la plaque commémorative.

Janvier 1848, mon père n'est presque jamais à la maison, (il faisait partie de plusieurs comités, puis de la Garde Nationale, il était très actif et très occupé). Lorsque le temps le lui permet, il nous raconte ce qui se passe dans la ville, laquelle semble agitée. Le peuple murmure contre Guizot, devenu absolument impopulaire ; Louis Philippe ne peut se décider au renvoi de son premier ministre.

Le 22 février on fit appel à la Garde Nationale qui était sous les ordres du général Jacqueminot, elle ne répond pas à cet appel : Le gouvernement pense qu'on peut se passer d'elle : Notre armée est suffisante pour écraser et disperser les séditieux !

Dès 7 heures du matin, une foule se répand dans les rues, on y voit des ouvriers qui ne vont pas à leur travail, des femmes, des enfants, des curieux, attirés par les bruits qui circulent à l'occasion du banquet, dont Louis Blanc avait été nommé président. Aura-t-il lieu ? La Garde Nationale y viendra-t-elle ? Dans toutes les rues il y a foule. La place de la Madeleine, où s'étaient donné rendez-vous les souscripteurs du banquet, se remplit de monde en habits de fête. Le temps est brumeux et triste. On apprend par les journaux la défection de l'opposition, néanmoins, il n'y a pas apparence de sédition, on ne voit pas de sergents de ville ; les soldats sans armes regardent tranquillement passer la foule.

Mais voilà qu'un incident survient ; onze heures sonnent lorsqu'on voit sans raison apparente, deux détachements de gardes municipaux traverser au trot la place de la Concorde et monter les Champs-Elysées. Ils portent sur leurs dos des haches, des pelles ; ils vont faire enlever les préparatifs du banquet. Au même moment de forts détachements de ligne paraissent à la gauche de la Madeleine et se rangent en bataille sur la chaussée, en face de l'église.

Un murmure hostile les accueille. Personne ne peut comprendre, pourquoi cet appel militaire. Que faisons-nous de mal ? Ne peut-on pas circuler dans les rues ? On entendait des voix lointaines qui retentissaient, vibrantes. C'était la Marseillaise entonnée à pleine poitrine par une colonne de 700 étudiants qui débouchaient sur la place, en deux rangs serrés, dans l'attitude la plus résolue. (L'Ecole Polytechnique s'était abstenue.)

Une acclamation de surprise et de joie électrisa la

foule, à la vue de ces jeunes gens aimés du peuple et aux fiers accents de l'hymne révolutionnaire.

Le peuple se sent conduit par une impulsion instinctive, il se pousse en avant par la place de la Concorde.

D'un attroupement de curieux et de désœuvrés, la présence des étudiants fait une manifestation politique. Vaguement décidée à demander justice, la colonne populaire s'avance en bon ordre. Les gardes municipaux lui barre le passage en croisant la baïonnette. La foule s'arrête, hésite. Un jeune homme sort des rangs, déchirant sa veste d'un mouvement brusque, il se précipite poitrine nue au-devant des fusils chargés: « Tirez !... » dit-il. Tant de hardiesse étonne la troupe qui hésite à son tour. La colonne se presse, le pont est franchi.

Les plus agiles ou les plus entreprenants ont pénétré dans les couloirs. Des gardes nationaux, commis à la garde des députés, repoussent ces téméraires, plus par persuasion que par la force.

Messieurs Crémieux et Marie viennent recevoir la pétition des écoles, promettant que justice sera faite des ministres; on commence à craindre que la foule n'envahisse la chambre.

Tout à coup, les portes de la caserne du quai d'Orsay s'ouvrent et livrent passage à un escadron de dragons qui fond, au grand trot, le sabre nu, sur l'émeute. Mais en apercevant cette foule si peu effrayée, si peu menaçante, l'officier surpris fait remettre le sabre au fourreau.

« Vivent les dragons ! » s'écrie le peuple, et les

soldats ralentissant l'allure de leurs chevaux, disparaissent avec infiniment de ménagements. Les groupes vont se reformer sur la place.

A partir de ce moment, dont nul ne soupçonne la gravité, la révolution est accomplie.

Le sabre remis au fourreau par un brave officier, c'est la force matérielle cédant à la force morale. C'est la royauté vaincue.

A la fin de la séance, Odilon Barrot demande au président de bien vouloir annoncer le dépôt d'une proposition soutenue par un assez grand nombre de députés. Un sourire railleur effleure les lèvres de Guizot. Le président annonce que la proposition sera soumise le jeudi suivant.

L'ordre du jour étant épuisé on se sépare. Il est près de 4 heures.

22 février. Dans la matinée nous déjeunons en hâte, ma mère veut voir ce qui se passe dans les rues, elle m'emmène avec elle.

Paris était très agité, le peuple criait : Vive la Garde Nationale. Vive la réforme ! Au poste Monceau, malheureusement et involontairement, un soldat, l'arme au pied, toucha maladroitement son fusil qui partit, les gardes municipaux firent feu, quatre insurgés furent tués.

On battait le rappel, mon père nous dit au revoir, priant ma mère de ne pas être inquiète, s'il ne rentrait que tard dans la nuit: « Je vais où le devoir m'appelle » dit-il. Ma mère ne fit aucune objection ; il partit rejoindre sa légion. Cette soirée se passa en préparatifs.

Le temps était pluvieux, le ciel était sombre, il faisait à peine clair dans les rues. Nous entendions un grand bruit sourd et confus, ma mère était anxieuse. Elle veut savoir ce qu'il y a autour de notre maison; de tous les côtés s'élèvent des barricades. Aux halles une foule énorme, très excitée se met à l'œuvre, on entend des coups de fusils retentir en tous sens. Il y a une confusion extraordinaire. Nous apprenons que Guizot a donné sa démission, qu'au ministère on a trouvé des listes de proscriptions, sur lesquelles se trouvent les noms des principaux journalistes de la presse démocratique, des chefs de sociétés secrètes et des hommes les plus influents du parti radical. Ma mère commence à être inquiète.

Une foule résolue afflue par les rues St-Martin, Rambuteau, St-Merry. Dans toutes les rues étroites s'élèvent des barricades. Je me souviens encore d'avoir vu l'Eglise St-Merry envahie par des personnes cherchant un refuge; à ces barricades du Cloître St-Merry, il y eu pas mal de pauvres diables qui furent fusillés.

Près de la Fontaine des Innocents, autour de laquelle il y avait alors une place assez petite, sur les marches entourant la fontaine, quelques orateurs mettent le peuple de ce quartier au courant de ce qui se passait au Palais Bourbon.

Les ouvriers commencent à faire feu, les tirailleurs ripostent. A peine a-t-on cessé, que les ouvriers (ou insurgés) et les soldats échangent des paroles amicales. Les femmes des halles offrent des vivres aux soldats, en les priant de ne pas tirer sur leurs frères.

Sous les yeux des soldats on continuait gaîment à monter des barricades, tout en chantant. Quelques gamins de Paris disaient en riant aux officiers: « Eh! ne tirez pas sans nous avertir, au moins! Criez gare! » Les officiers eux-mêmes se mettent à rire.

La fusillade se faisait entendre de tous côtés. De temps en temps des bandes d'ouvriers et de gardes nationaux passaient en chantant sur les boulevards. Sur les onze heures du soir, au moment où l'une d'elle arrivait à la hauteur du ministère des affaires étrangères, boulevard des Capucines, un bataillon du 14e de ligne, sous les ordres du lieutenant-colonel Courant, et du commandant de Bretonne, à la suite d'un coup de feu isolé, et sans ordre, fit feu de toutes armes, 50 personnes furent couchées à terre, parmi lesquelles 23 cadavres.

23 février. La fusillade éclate sur un grand nombre de points, on entend battre le rappel, c'est la Garde Nationale qui se rassemble, mais avec l'intention de ne pas combattre l'émeute. Presque partout des légions poussent des cris de: « A bas Guizot! Vive la République! Vive la réforme! » L'insurrection grandit de toutes parts. Guizot se voyant vaincu, vient lui-même à la tribune de la chambre des députés annoncer qu'il descend du pouvoir, et que Molé est chargé, de par le roi, de former un nouveau cabinet. Des courriers vont partout porter la nouvelle pour calmer le peuple. Le préfet de police disait: C'est une émeute qu'il faut laisser passer.

Ma mère et moi nous avons vu des scènes navrantes.

Il était tard, il y avait de la boue plein les rues, il pleuvait assez fort. Nous vîmes apparaître sur plusieurs points dans une obscurité profonde, des torches allumées qui précédaient des civières, sur lesquelles on transportait les blessés et les mourants.

Les docteurs en tabliers blancs, les demi-manches maculées de sang, traversaient les rues pour se rendre à une ambulance improvisée, près de notre maison. Ma mère aida de son mieux à l'installation des victimes. Nous vîmes dans un chariot attelé d'un cheval blanc, que menait par la bride un ouvrier, le bras nu, cinq cadavres rangés avec une horrible symétrie. Debout sur un brancard, un enfant du peuple, 12 ans à peine, au teint blême, l'œil ardent et fixe, le bras tendu, presque immobile, semblait représenter le génie de la vengeance, éclairé des reflets rougeâtres de sa torche ; penché en arrière, le corps d'une jeune femme dont le cou et la poitrine sont maculés d'une longue trainée de sang. De temps en temps un ouvrier placé à l'arrière du chariot, l'enlace de son bras nerveux et s'écrie, en promenant sur la foule des regards farouches : « Vengeance ! Vengeance ! On égorge le peuple ! » Aux armes ! répond la foule.

Le peuple est fou de joie du départ de Guizot. On met des lampions aux fenêtres, on oblige la population d'illuminer, ne fût-ce qu'avec des chandelles, nous aussi, nous mettons des veilleuses dans un verre avec de l'huile ; comme il pleuvait, il était difficile qu'elles restassent allumées ; comme toujours en pareil moment, il y a des fous qui s'excitent, lancent des pierres dans les fenêtres qui ne sont pas éclairées. Ainsi finit cette journée du 23 février. Très tard dans la nuit, nous rentrâmes chez nous. Ma mère était très inquiète, nous n'avions pas vu mon père depuis deux jours.

24 février, déchéance de LOUIS-PHILIPPE.

Dans la journée nous apprîmes la déchéance du roi. Le désordre était à son comble, cette émeute était devenue une révolution.

Louis-Philippe effrayé, fit appeler Thiers, qu'il croyait plus populaire que Molé et le pria de composer un cabinet. Thiers demanda qu'on lui adjoignit Odilon Barrot, ce dernier qui était assez populaire la la veille, fut accueilli par des huées dans les rues de Paris.

La réforme! criait-on, sur l'air des Lampions, puis succéda comme mot d'ordre: La République!

Le roi avait nommé le maréchal Bugeaud, commandant en chef de la Garde Nationale et de l'armée; les gardes nationaux refusèrent de marcher, les soldats mettent la crosse en l'air. Ils ne peuvent plus arrêter le mouvement. La fusillade éclate aux Tuileries, Louis-Philippe veut essayer de ranimer ses défenseurs. Il monte à cheval, parcourt la place du Carrousel, les gardes nationaux l'accueillent en criant: Vive la réforme! Complètement découragé, le roi cède.

Il abdique en faveur de son petit fils, le comte de Paris. Il monte dans une voiture fermée, quelques cuirassiers protègent sa retraite. Il prend le chemin de Bruxelles, où il meurt deux ans plus tard.

Dans la soirée mon père rentra à la maison, il nous

raconta comment il avait passé ces trois jours, il était aux Tuileries au moment de l'invasion populaire avec sa compagnie. Le récit qu'il nous fit était triste, cependant, il était heureux, espérant la proclamation de la République. Il nous dit aussi qu'il avait vu gravé sur les moulures du trône :

Le peuple de Paris à l'Europe entière.
Liberté ! Egalité ! Fraternité !

ces 3 derniers mots sont maintenant notre devise nationale.

Nous avons vu défiler devant nos fenêtres des bandes populaires, chantant à tue-tête des chants révolutionnaires, portant au bout de leurs baïonnettes ou de leurs bâtons des jambons, des pains, ou toutes sortes d'oripeaux comme trophées de gloire.

25 février. Un gouvernement provisoire ayant été proclamé, tout le monde se réjouissait, on fraternisa ; dans les rues de Paris il y eut des banquets ou chacun apportait sa part. On planta des arbres de la liberté, des prêtres vinrent les bénir, et devant l'eglise St-Eustache où j'avais été baptisée dix ans avant, on planta un magnifique chêne qui fut à moitié brisé ; comme emblême des chaînes brisées, et de la délivrance.

En 1848 on était croyant, même les intellectuels. Ils considéraient Jésus, comme le premier représentant du peuple. Cela a bien changé, les arbres bénis par les prêtres sont morts, et la foi chrétienne avec eux.

Ce fut la dernière étape révolutionnaire accomplie sous l'égide de l'église.

CHAPITRE II

Quoique voulant ne retracer que mes souvenirs, je me trouve dans la nécessité de donner quelques faits de certains événements pour constater l'évolution qui s'est produite depuis ce temps-là jusqu'à la révolution de 1871.

Nous sommes en République, un gouvernement provisoire est proclamé, les membres du gouvernement déclarent la liberté de la presse, le droit de réunion, d'association et de pétition, l'abolition de la peine de mort en matière politique; dans les colonies, l'abolition de l'esclavage pour les nègres. Actes de clémence, de générosité et d'humanité.

Après la révolution un grand nombre d'ouvriers sont sans travail, — il faut pourtant vivre, — la question sociale s'impose; le peuple réclame le droit au travail. Nous avons trois mois de misère à mettre au service de la République, disaient les ouvriers. Le 28 février il fut décidé qu'une commission du gouvernement s'établirait au Luxembourg, sous la présidence de Louis Blanc. Les divers délégués des corporations discutèrent la question sociale et les moyens pratiques d'arriver à l'organisation du travail; en un mot ils voulaient supprimer l'individualisme et y substituer la fraternité.

Par opposition au Comité du Luxembourg, le même soir on ouvrit des ateliers nationaux. Du 9 au 30 avril 100 000 ouvriers furent embrigadés. La dépense atteint 7 240 000 francs. Le trésor était épuisé. Les dons patriotiques reçus à l'Eglise par une Commission sous la présidence de Lammenais et de Béranger, témoignaient de la bonne volonté des classes laborieuses, mais restaient insuffisants. Garnier Pagès, aux finances, fit décréter un impôt de 45 centimes. On comptait ainsi se procurer 190 000 000, on obtint seulement 80 000 000.

Le 14 mars, le gouvernement provisoire supprime les compagnies d'élite de la Garde Nationale et ouvrit les rangs de cette milice à tous les citoyens sans distinction [1]. Il y eut une grande manifestation à l'Hôtel de Ville demandant l'abrogation du décret; cela eut pour résultat d'amener une contre-manifestation de 100 000 ouvriers sous la conduite de Barbès, de Blanqui et de Cabet. Le 16 avril, un mois après, les ouvriers reparurent devant l'Hôtel de Ville, mais sans résultat.

Le 15 avril [2], l'assemblée nationale se réunit pour faire une constitution. Il devait y avoir 900 représentants élus directement par le suffrage universel. Tout Français âgé de 21 ans, ayant six mois de résidence était électeur, le vote se faisant au chef-lieu du canton.

15 mai, à peine nommée, l'assemblée se trouve

---

[1] Ce fut le grand pas vers le suffrage universel. Jusqu'à ce moment-là il fallait être riche pour faire partie de la Garde Nationale, et payer un impôt assez élevé.

[2] 15 avril, proclamation du suffrage universel.

menacée de dissolution. Le peuple est résolu à faire une nouvelle révolution, les élections n'ayant pas répondu à ses désirs, une foule immense mélangée d'ouvriers et de gardes nationaux envahit l'assemblée en chantant, et aux cris de vive la Pologne! Mon père était avec ses amis polonais, mêlés à ce mouvement. Hubert, Blanqui, Barbès, montent à la tribune et déclarent l'assemblée dissoute. Un gouvernement provisoire est bientôt proclamé, composé de Louis Blanc, Barbès, Albert (premier ouvrier au parlement), Blanqui, Raspail, Huber, Caussidière, Pierre Leroux, Cabet, Proudhon, mais bientôt le tambour bat, la Garde Nationale et la garde mobile rassemblées sur tous les points de Paris, chassent les envahisseurs, ramènent les représentants au Palais Bourbon. Barbès et Albert sont arrêtés.

A l'Hôtel de Ville, Blanqui est obligé de s'enfuir, enfin Caussidière, à la tête de ses montagnards est contraint de quitter la Préfecture qu'il occupait depuis le 24 février.

La majorité de l'assemblée eut recours aux moyens de répression. Sur la proposition de Goudchaux et de Falloux on résolut de dissoudre les ateliers nationaux, 107 000 ouvriers se trouvaient jetés sur le pavé. Les ateliers nationaux créés par les ennemis du socialisme qui voulaient démontrer la folie des réformateurs sociaux servent encore dans la bouche des bourgeois férus des mensonges officiels, d'arguments contre ceux qui étaient opposés à la fondation des ateliers.

Le 21 juin, tous les ouvriers de 18 à 25 ans furent

invités à s'enrôler ou à partir pour la Sologne, où on leur offrait du travail.

Le 22, Paris fut parcouru dans tous les sens par les groupes irrités. On se regardait, on se mesurait des yeux, à des cris de colère succédait un morne silence· On sentait qu'une bataille était proche, car ce n'est plus ici une lutte politique, c'est une guerre sociale.

Le 23, à 7 heures du matin, 8 000 ouvriers accourus du Panthéon, s'étaient réunis autour de la colonne de Juillet, où les combattants du 14 juillet 1789 étaient tombés au pied du mur de la Bastille. Pujol, le lieutenant des ateliers nationaux, en blouse blanche, les attirait dans ce piège, les excitant jusqu'au délire, tous crient : « La liberté ou la mort. » Une jeune fille, marchande de fleurs, apporte à Pujol un magnifique bouquet de violettes, qu'il met à la hampe de son drapeau rouge. Ce dictateur en blouse blanche donna le signal du combat. A 11 heures, au moment où le tambour de la Garde Nationale commençait à battre le rappel, (Louis Napoléon n'était pas étranger à tous ces troubles) mon père nous disait «Il travaille à désorganiser la République. Il veut s'imposer à la France, il fera comme son oncle ».

Les quartiers des portes St-Denis, St-Martin, le faubourg Poissonnière et du Temple, les Boulevards, les bords du Canal, la Cité, la place du Panthéon sont hérissés de barricades. Rien que dans la rue St-Jacques il y en a eu 38, entre la rue Soufflot et le Petit Pont.

Les 23, 24, 25 juin pour combattre les insurgés, le gouvernement avait à sa disposition 20 000 hommes de troupes de lignes, les 24 bataillons de mobile et la Garde Nationale. Le général Cavaignac, ministre de la guerre commandait en chef ; principaux lieutenants : Les généraux Lamoricière, Bedeau, Damesne, Duvinier, Négrier, Bréa, Clément Thomas.

Pendant toute la journée du 23, on combattit avec un acharnement inexprimable. Malgré les efforts du général Lamoricière qui occupait les boulevards, la place du Château d'Eau, et le nombre des soldats le peuple restait maître de Montmartre, de la Chapelle, des faubourgs du Temple, St-Denis et St-Martin. La résistance était si grande que dans la nuit du 24, l'assemblée dut télégraphier aux villes voisines pour demander du renfort. Paris fut déclaré en état de siège. Des représentants allèrent se joindre aux soldats. Cavaignac fut investi de pleins pouvoirs. La commission exécutive donna sa démission. (Le général Cavaignac tailla dans le grand.)

Chère République, que de crimes on a commis en ton nom !

Dans la nuit du 23 au 24, les insurgés avaient désarmé un bataillon, Place des Voges. L'armée et la Garde Nationale reprirent l'offensive sur tous les points.

Le 25, les troupes partout continuèrent leur mouvement offensif. Des deux côtés on devenait impitoyable. Au Panthéon les mobiles n'avaient pas fait de quartier. Ils massacrèrent sans merci les insurgés.

Quand les hommes cesseront-ils ces luttes sauvages, sous prétexte de civiliser les gens qui ne pensent pas comme eux ?

On parle bien dans l'histoire de la mort du
général Bréa, mais pas des victimes du parti opposé,
c'est trop peu de chose ; pourtant ce trop peu de
chose, c'est la force, la puissance d'un pays, c'est cette
foule anonyme qui suggère la pensée et enfante le
génie. Quelque éphémère que soit un gouvernement,
son premier mouvement n'est jamais la clémence, mais
d'enroler des légions d'hommes qui tuent, pour affer-
mir son pouvoir. Livré à ses propres forces, sans
l'armée, un gouvernement serait bien peu de chose.

Le faubourg St-Antoine paraissant imprenable, on
résolut de le bombrader. La place de la Bastille se
couvrit de canons. — Quelle affreuse boucherie !...

Ce triste jour, l'archévêque de Paris espérant que
sa présence calmerait les esprits, vint dans la mêlée
pour exhorter le peuple à l'apaisement, il fut atteint
dans le dos par une balle perdue, sa mort fut involon-
taire ; ne s'étant jamais mêlé de politique, il était vénéré
de tous les partis, il mourut dans la soirée du même
jour, le 25 juin 1848. Pour la circonstance, on fit trêve.

L'entrée du faubourg St-Antoine fut forcée, les
insurgés vaincus, durent mettre bas les armes, il y eut
plusieurs milliers de prisonniers, un grand nombre
d'entre eux furent déportés. Les hôpitaux étaient
encombrés de blessés, et la place de la Bastille, la rue
du faubourg St-Antoine étaient jonchées de cadavres.

Mon père était parti dans la mêlée avec ses amis les
Polonais, qui vivaient chez nous depuis leur émigra-
tion. (Nous n'avons jamais revu ceux-ci, et nous
pensons qu'ils auront été tués).

Nous n'avons revu mon père que beaucoup plus tard.

Ma mère m'emmena, nous allâmes dans les rues, lesquelles étaient très mouvementées. Elle voulait se rendre compte de ce qui se passait; anxieuse, ne sachant ce qu'était devenu son mari, elle espérait avoir des nouvelles de lui.

Nous nous dirigeâmes du côté du Parvis-de-Notre-Dame où était exposé l'archevêque.

Nous suivîmes la foule, puis en entrant à gauche, entre des colonnes, nous vîmes sous un dais de velours rouge, couché, revêtu de ses habits sacerdotaux, entouré de flambeaux, Mgr. Denis Affre archevêque de Paris.

Paris était bien triste : dans les rues on ne voyait que des tombereaux charriant des morts, les blessés agonisants sur les civières.

De telles choses, on ne les oublie jamais!...

Pour nous rendre dans cette direction, il nous a fallu traverser plusieurs rues garnies de barricades, la circulation était difficile.

A la suite des journées de juin, Cavaignac conserva le pouvoir exécutif. Il constitua un ministère. Son gouvernement fut inéxorable.

La première action de l'assemblée fut de décréter la transportation dans les possessions françaises d'outre-mer, par mesure de sûreté générale, des détenus qui avaient pris part à l'insurrection.

Pierre Leroux et Caussidière s'étaient opposés sans succès à ce vote.

Il y avait 4348 prisonniers, une commission d'enquête en fit mettre 991 en liberté. Malgré les instances du représentant Lagrange, personne ne fut amnistié. Louis Blanc et Caussidière furent décrétés d'accusation comme complices du 15 mai.

Onze journaux furent supprimés. Le *Peuple constituant* cessa de paraître parce qu'il ne put verser la somme nécessaire. « Il faut beaucoup d'or aujourd'hui pour avoir le droit de parler », dit Lamennais, nous ne sommes pas assez riches, silence au pauvre !

La réaction contre le socialisme fut des plus vives. Comme remède à la crise financière, Proudhon proposa que les créanciers de l'Etat abandonnent 1 pour cent sur leurs rentes, que les propriétaires fassent remises d'une partie des fermages échus, que le banquier réduise sa commission et son intérêt, que les travailleurs laissent à l'entrepreneur un 20 pour cent de leur salaire.

Mais entièrement antipathique au socialisme, l'assemblée accueillit par un déchaînement de colère le discours de Proudhon, prononcé à l'appui de la proposition dans la séance du 31 juillet[1]. Les partisans de Louis Bonaparte n'étaient pas étrangers à ces luttes sanglantes et fratricides. Les blouses blanches inaugurent leur entrée en scène. Enfin les élections donnèrent une forte majorité à Louis Napoléon. Le 10 décembre 1848 il fut élu président. Le peuple français était encore entiché des gloires légendaires de Napoléon Ier, dit le Grand.

Louis Napoléon, dit le Petit, escalada l'Hôtel de Ville

---

[1] Voir *Les confessions d'un révolutionnaire*, par Proudhon.

grâce aux montagnes de cadavres amoncelés pendant dix ans de luttes homicides sous le règne de son oncle, en attendant qu'un beau soir dans un guet-apens, lui-même étranglât la République... comme son oncle. Tuant, proscrivant tous ceux qui pouvaient être un obstacle pour s'emparer du trône. Le soir du 10 décembre il y eut une fête à l'Hôtel de Ville, une foule considérable se pressait, se bousculait sur la place, la soirée était magnifique, mon père était revenu ; il m'emmena pour que je visse la manifestation, il me mit sur ses épaules pour que je pusse mieux voir, au-dessus du portique de l'Hôtel de Ville, pompeusement illuminé, le navire emblème de la ville de Paris. C'était splendide. Ce vaisseau semblait voguer dans une mer de flammes. Il y eut un feu d'artifice.

J'entends encore dans mes oreilles les voix insensées de ce peuple inconscient criant à tue-tête ; Il nous le faut, nous l'aurons notre petit *Napoléon* (imbéciles ! disait mon père). Pauvre peuple, sachant à peine lire, ne connaissant de l'histoire que la légende, comme toujours son ignorance fit sa perte.

Le 20 décembre, Louis Bonaparte fut proclamé président de la République, prêta devant l'assemblée constituante le serment suivant :

En présence de Dieu et par devant le peuple français, je jure de rester fidèle à la République démocratique et de défendre la Constitution.

Pour que son succès fut complet, il avait pris les précautions nécessaires pour faire désarmer toutes les compagnies de la Garde Nationale qui lui avaient été hostiles.

On avait dressé des listes de proscriptions sur lesquelles le nom de mon père figurait.

Tout une compagnie vint chez nous le demander, ma mère leur dit qu'il n'était pas là. Elle ne pouvait dire où il se trouvait. « Eh! bien, dit un officier avec brutalité à ses hommes, cherchez dans cet appartement s'il y a des armes. Nous voulons le fusil de votre mari. »

Ma pauvre maman ne pouvait pas le leur donner puisqu'elle ne l'avait pas. Je suis restée debout, j'ai suivi cette scène avec effroi. Dès le départ des soldats je suis tombée comme foudroyée, j'ai perdu connaissance. Lorsque je suis revenue à moi, j'ai ouvert les yeux, mais j'avais perdu toutes mes facultés et je suis restée sans mouvement les yeux fixes pendant plusieurs mois. J'avais perdu également l'usage de la parole, une seule faculté me restait, l'ouïe, mais on l'ignorait. Je ne pouvais faire aucun signe pour me faire comprendre. Je regardais toujours dans le vide, les nerfs étaient affaiblis, j'avais enfin la danse de St-Guy (résultat de la peur pendant la révolution). Je suis restée malade une année environ, j'avais complétement perdu la mémoire. Je ne me souviens même pas de la présence de mon père, dans le cours de ma maladie.

SECONDE PARTIE

CHAPITRE III

Nous sommes à Orléans, les docteurs ont dit à mes parents que si je restais à Paris, assurément je mourrais.

Fin 1849, mon père loua un magasin, rue Jeanne d'Arc, 32, au coin de la rue Neuve, rue courte et étroite, aboutissant à la place du Martroi.

La rue Jeanne d'Arc est une des plus jolies rues d'Orléans, pas longue, mais très large, se terminant par la Cathédrale, laquelle est d'une grande beauté, de style ogival. Ses hautes tours, ses rosaces, ses clochers ajourés d'une sculpture fine comme de la dentelle, produisent au soleil couchant un effet magique. Parfois elle a des effets d'incendie, d'autres fois les rayons solaires l'illuminent d'un reflet d'or splendide.

La ville elle-même est très calme ; après la vie agitée de la capitale, cela semble triste, mais petit à petit on en ressent les bienfaits ; le site est plus reposant. A notre maison il y avait deux entrées, l'une rue Jeanne d'Arc et l'autre, minuscule, du côté de la rue Neuve, laquelle donnait accès à une cour étroite, en forme de couloir. Mon père était ravi d'avoir trouvé cette maison à double entrée, pour être plus libre pour recevoir ses amis politiques. Enfin, lorsque mon père

eut fini son installation, il déposa chez son banquier
l'argent qui lui restait, pour s'en servir au gré de ses
besoins. Ma santé était meilleure, les forces et la gaîté
me revenaient.

Pendant quelques temps tout alla bien, mais mon
père et ses amis n'avaient pas oublié ce qui s'était
passé à Paris; ils venaient souvent le voir, alors la
navette commença entre Paris et Orléans.

Deux fois par semaine on se réunissait à la maison.
MM. Hutin, Martin, Tavernier, Tissot, Bassot, M.
Texier, professeur au Lycée et beaucoup d'autres
étaient du nombre.

On lisait les journaux avancés, on discutait, on était
au courant de tout ce qui se passait à Paris, et on se
mettait sur ses gardes. Naturellement tous étaient
furieux contre Louis Bonaparte.

Pour ne pas attirer l'attention des indiscrets, on
passait par la petite porte bâtarde donnant accès dans
la rue Neuve.

Je grandissais. J'avais déjà vu tant de choses! on
discutait devant moi, cela m'intéressait, j'écoutais
attentivement, rein ne m'échappait. Lorsque par hasard
je devais me coucher de meilleure heure, j'étais désolée.

D'autres fois on se réunissait chez M. Bassot, marchand de vin, lequel avait une grande salle où l'on
pouvait être plus nombreux. Souvent mon père
m'emmenait, j'étais heureuse et émue lorsqu'on jurait
sur ma tête de lutter jusqu'à la mort pour sauver la
République. Un frisson parcourait tout mon être, je
croyais déjà porter la République sur mes épaules.

Lors de ma maladie, j'avais oublié tout ce que j'avais appris dans ma première enfance. Mon père résolut de me mettre en pension chez Mme Texier, laquelle tenait une institution au Mail. A ses heures libres, M. Texier nous donnait des leçons, surtout il nous apprenait à penser.

Chez eux aussi, il y avait de bonnes soirées de discussions auxquelles j'étais admise lorsque mon père était là. M. Boucher, abbé, âgé d'une quarantaine d'années, curé à l'église St-Vincent, près d'Orléans, venait aussi aux soirées de discussions. Homme sincère, bon et loyal, un vrai réformateur, il ne comprenait les discours en chaire que pour exhorter les fidèles à imiter Jésus révolutionnaire, le premier républicain du monde, disait-il. (Il faut penser qu'alors, les plus ardents, à quelques exceptions près, croyaient à cette vieille légende.) A l'église il prêchait les idées les plus subversives, disant que la chaire avait été créée non pour enseigner à prier, mais pour instruire. Si l'on voulait prier on pouvait le faire chez soi. Il finissait son prêche par ces mots: Vive la République! Dieu la veut!

C'est ainsi qu'il termina sa dernière prédication, laquelle eut lieu le dimanche avant le coup d'Etat en 1851. Le lendemain ne le voyant pas venir à l'heure habituelle, M. Texier inquiet alla au presbytère pour savoir ce qui était arrivé. Là, il apprit que dans la nuit une voiture était venue le chercher, et malgré toutes les démarches faites, on n'a plus jamais entendu parler de M. Boucher. Mgr l'Evêque Dupanloup devait savoir à quoi s'en tenir sur cette disparition.

Le 3 décembre au soir, des amis de mon père, habitant Paris, vinrent le prévenir de ce qui se passait dans la Capitale. «On demande, disent-ils, la déchance du président de la République. Louis-Napoléon veut faire un coup d'Etat. Il se prépare de terribles représailles. Hier il a fait arrêter plusieurs députés, des barricades se sont élevées de toutes parts. Le docteur Baudin s'est fait tuer à une barricade de la rue St-Marguerite, en disant: « Voilà comment on meurt » pour 25 francs par jour». Il se fait des arrestations sans discontinuer. On s'attend à des massacres dans les rues de Paris. Prenez vos précautions, surtout détruisez les noms et adresses des amis. »

Peu d'instants avant l'arrivée de ces messieurs, ma mère avait entendu un bruit inaccoutumé du côté du couloir donnant accès à l'intérieur de notre maison. Elle était sortie de la salle à manger, où nous nous tenions généralement, elle aurait vu un homme qui avait pénétré dans la maison en passant par la petite porte dérobée donnant du côté de la rue Neuve. L'homme, se voyant découvert, se mit à fuir. Mon père dit à ses amis: « Vous avez été filés, il ne faut pas rester ici. Allez chez Bassot, dites-lui de brûler tous les papiers. De mon côté, je vais prendre les mesures nécessaires pour qu'il n'arrive rien de désagréable. »

Cette nuit-là mon père ne se coucha pas, il mit de l'ordre dans ses affaires. Toute la nuit il y eut un grand bruit dans toute la ville.

Le lendemain, 4 décembre, mon père sortit quelques

heures, à son retour il avait l'air très agité. Il nous dit:
« J'ai un rendez-vous avec les amis pour une manifestation, le coup d'Etat est fait. Nous devons protester
au nom de la constitution. Dès que je serai libre, je
reviendrai. »

La plus vive émotion se produisit à Orléans,
lorsqu'on apprit les événements de Paris. Messieurs
Martin et Michot, représentants du peuple, lesquels
étaient venus chez nous la veille, se réunirent avec
plusieurs amis politiques.

Après une délibération, il fut résolu d'écarter l'idée
d'une résistance à main armée, et la résolution fut
prise de décider, avec l'aide du peuple, l'autorité
municipale à refuser obéissance au président de la
République.

Une manifestation s'organisa promptement. Près de
800 citoyens se dirigèrent vers l'Hôtel de Ville, aux
cris de: « Vive la Constitution ».

A leur arrivée devant l'Hôtel de Ville, les représentants adressèrent quelques paroles au peuple et
voulurent entrer. Les gardes nationaux de service aux
portes de la mairie, leur barrèrent le passage. Il y eut
une sorte de lutte pendant laquelle survinrent les
adjoints au maire. On parlementa.

Messieurs Martin et Michot entrèrent à la mairie,
furent introduits dans la salle où la municipalité
délibérait. Les représentants demandèrent si le
conseil entendait protester contre la dissolution de
l'assemblée législative. On leur répondit négativement.
La municipalité protègera-t-elle, au moins la personne

des représentants du peuple contre une arrestatation possible ? même réponse.

Pendant ce temps, le général Grand qui commandait à Orléans, arrive devant l'Hôtel de Ville avec une partie des troupes de la garnison. Il prend ses dispositions pour dispercer la foule. La troupe charge ses armes en présence du peuple, on fait les sommations. Ordre est donné d'arrêter les représentants du peuple et un certain nombre de citoyens qui les accompagnent, La troupe pénètre dans la mairie et arrête MM. Martin, Michot, représentants du peuple, Perière, avocat, Desjardin, Viou. Ils furent conduits à la maison d'arrêt sous l'escorte de troupes nombreuses, sans la moindre résistance de la part du peuple [1]. Après ce haut fait, la population Orléannaise vint en curieuse voir ce qui se passait, un grand nombre passa par la porte de la mairie, pour cela il fallait entrer dans la cour, laquelle est entourée de grilles. On ferma la porte de la grille. La plupart des gens présents furent arrêtés, sauf quelques-uns qui s'échappèrent par hasard au moment où il y avait une effroyable panique ; mon père avait été rejeté par un ressac en dehors de la grille Grâce à cette circonstance, il ne fut pas fait prisonnier, mais il ne revint pas à la maison, en ce moment, du moins.

A Orléans il n'y a pas eu de sang versé, mais des infamies sans nombre furent commises.

Toute la soirée nous étions tristes et anxieuses, l'attente est cruelle en de pareils instants. Minuit

[1] Voir *Moniteur du Loiret 5 et 6 décembre* (page 185).

sonnait, mon père n'était pas encore revenu. Ma mère me fit coucher, elle restait et attendait. A 2 heures du matin, elle entendit un léger bruit, elle écouta plus attentivement, c'était mon père qui revenait en hâte nous dire adieu. Il y avait un mandat d'arrêt lancé contre lui (déjà préparé à l'avance), comme on l'avait vu à la manifestation, on supposait qu'il avait été arrêté avec les autres, à l'Hôtel de Ville; ils n'avaient pas eu l'idée de venir le chercher à la maison.

« Où est la petite ? dit-il, je veux l'embrasser, fais-la lever. Tous nos amis sont arrêtés, Bassot aussi, il me faut quitter la France; si je peux gagner la frontière, je serai sauvé, ne t'inquiète pas, dès que je serai en sûreté, je te ferai prévenir.

» Et toi, chérie, souviens-toi toute ta vie que c'est de la faute de cette canaille de Napoléon, si tu n'as plus de père, pour le moment du moins, courage, sois bonne avec ta mère, cela ne durera pas longtemps, Dieu ne peut permettre que le crime triomphe, ni que ce bandit reste sur le trône.

(Dieu le permit si bien, qu'il y resta 18 ans.)

» Et toi, femme, ne te désole pas, ça ne durera pas longtemps, je sais que le courage ne te fera pas défaut, tu as une grande tâche à remplir envers notre enfant. Je me suis arrangé pour que notre chère petite reste en pension chez M. Texier, j'ai payé six mois de pension pour elle, d'ici-là, nous nous verrons. Je suis allé chez notre notaire, je lui ai donné ordre de payer nos fournisseurs, tout compte réglé, il lui reste encore 3000 francs que tu pourras tirer au gré de tes besoins,

Dès que j'aurai un domicile fixe, je t'enverrai ma pro-
curation. Lorsque la petite sera à la pension, elle
pourra continuer ses études, toi, tu auras assez à faire
pour te débrouiller. Ils seront sans pitié.

En pleurant, il nous embrassa bien tendrement, puis
il nous quitta, il ne voulut pas que nous l'accom-
pagnassions, naturellement, il partit sans bruit, une
petite valise à la main. Ma mère ne l'a jamais revu.

Quelle horrible nuit nous avons passée. La maison
était glacée, nous ne nous sommes pas couchées. On
entendait un grand bruit dans la rue, des patrouilles
passaient toute la nuit, de minutes en minutes.

Au soleil levé, on frappa à notre porte.

— Qui est là, dit ma mère.

— Au nom de la loi, ouvrez dit un commissaire de
police, lequel entra, ceint de son écharpe tricolore,
accompagné de plusieurs gendarmes. Ils venaient pour
arrêter mon père. Ils fouillèrent partout, mais n'ayant
trouvé personne, ils menacèrent ma mère de l'arrêter
si elle ne disait pas où se trouvait son mari.

— Arrêtez-moi si vous le désirez, dit-elle ; de cette
façon vous nourrirez ma fille.

— Nous vous surveillerons, madame, dit le commissaire. Et il s'en alla.

Tout n'était pas fini. Le lendemain plusieurs hommes
tout en noir sont venus de nouveau, accompagnés du
commissaire de police ; ils bouleversèrent tout dans la
maison, prenant ce qui leur convenait. Ils trouvèrent
des quantités de journaux, des livres, des tableaux, ils
saisirent notre correspondance. Heureusement que mon

père avait brûlé à temps une grande quantité de lettre (tout leur était bon).

Ils mirent de côté, tout ce qui pouvait les intéresser et ils en prirent note. Ils ont pris aussi le portrait à l'huile de mon père, puis une gravure en couleurs, représentant Jésus-Christ en robe rouge, ceint de l'écharpe tricolore, comme titre, au bas de la feuille : Vive Jésus premier représentant du peuple. Comme devise : Quiconque s'élèvera sera abaissé, quiconque s'abaissera sera élevé. (Evangile selon St-Mathieu.)

Une autre gravure, très grande également, intitulée : *L'échenillement*, représentant un arbre de la liberté, un chêne, emblême du peuple enchaîné. Il tombait, des branches les têtes coupées de Louis-Philippe, des d'Orléans, de Guizot, premier ministre, les financiers vomissant des billets de banque.

Au bas, premier plan, un homme du peuple avec son échenilloir, accomplissait sa besogne, Les hommes noirs avaient l'air scandalisés.

Enfin, lorsque leur vilaine besogne fut terminée, ils posérent les scellés, et ils constituèrent ma mère la gardienne. Elle préféra accepter, que de voir un étranger dans la maison. Le lendemain ma mère me reconduisit à la pension Texier.

Notre maison étant fermée par autorité de justice abusive. il fallait que ma mère cherchât une maison nouvelle. Il faut de l'argent pour se déplacer. Après nous avoir tous pris, ils ont trouvé dans nos papiers nos notes de dépôts, il sont allés chez notre notaire, ils ont fait mettre le séquestre sur les 3000 francs qui restaient encore ; ma pauvre maman restait sans argent, et tout une vie nouvelle à faire. Heureusement que mon père avait pris toutes les précautions ; le notaire s'était hâté de payer nos fournisseurs et ma pension, après avoir remis une somme assez importante à mon père, lequel en avait besoin, car il allait à l'inconnu, et il était loin de se douter qu'on mettrait l'ambargo sur la somme qui était destinée à ma mère.

Le 6 décembre, Montargis lutta avec une grande énergie, les femmes mêmes marchaient à la tête d'un groupe composé de 450 citoyens, parmi lesquels se trouvaient les citoyens Zanotte, chef de bataillon de la Garde Nationale, Souesmes, conseiller général du canton de Montargis ; les citoyens Magie, Gérault, Gaulier, et une femme, mère de famille, portait le drapeau tricolore sur lequel était inscrit : Respect à la propriété ! Le brigadier de Nogent somma le rassemblement de s'arrêter :

— Nous défendons notre droit, répondirent-ils, nous défendons la constitution, et l'on continua d'avancer.

Le brigadier mit en joue M. Souesmes, qui était à la tête.

— Mais vous voyez bien que nous sommes inoffensifs ! s'écria-t-il, et il saisit la baïonnette de la carabine pour écarter le coup.

Le brigadier fit feu ; la balle alla tuer un jeune homme qui portait un drapeau tricolore. Le brigadier fut percé de sa propre baïonnette. M. Souesmes fut accusé de l'avoir tué, mais un témoignage qui paraît décisif, établit qu'un nommé Norest, mort des blessures reçues dans la lutte, aurait déclaré à plusieurs personnes, avoir tué le brigadier, après avoir été blessé par lui.

Ils furent tous faits prisonniers[1], et amenés à Orléans dans quatre voitures, sur lesquelles étaient hissés les objets saisis comme pièces à conviction.

Il y avait des fusils, des sabres, et les deux fameux drapeaux.

Le 8 décembre 1851, à 6 heures du matin M. Texier nous fit lever, il désirait nous faire assister au passage des prisonniers. Nous avons vu le défilé des voitures amenant les vaincus à la prison d'Orléans. Le ciel était beau, mais, quoique nous fussions sur le Mail à une heure matinale, le temps était si clair, que nous avons pu voir parfaitement le défilé, sur quatre chariots, des hommes et des femmes étaient empilés, les femmes, surtout, étaient pleines d'énergie, elles étaient excitées, leurs yeux brillaient d'un vif éclat, on sentait qu'elles étaient encore animées de la fièvre de la lutte. Elles nous saluèrent ; avec nos mouchoirs, nous leur faisions des signes affectueux d'encouragement, les femmes de Montargis ont été admirables de dévouement et d'abnégation. Nous étions heureux d'avoir pu les voir de près, Nous trouvant en dehors de la ville, cela était facile, il n'y avait presque personne sur le Mail. Toutes les rues aboutissant à la prison étaient gardées par la troupe, l'arme au pied, pour empêcher la circulation.

[1] M. Souesmes s'est volontairement constitué prisonnier, voir son jugement du mois de janvier 1852 : *Gazette des tribunaux.*

Le 4 décembre, on avait dirigé sur Paris, tous les prisonniers arrêtés à Orléans. Les prisonniers des petites villes environnantes étaient si nombreux, que la prison était insuffisante pour les contenir; on dut les mettre dans des salles du Palais de Justice, lesquelles donnaient accès à la prison.

Le 18 décembre, on procèda au désarmement de la Garde Nationale, on fit des perquisitions chez la plupart d'entre eux, on trouva des livrets de différentes sociétés, dites secrètes, de la société de l'Union Fraternelle, les livrets furent saisis.

On fit de même chez nous, mais ma mère avait pu sauver le diplôme de mon père (lequel est intercalé dans le texte.)

Le 18 janvier, nouvelles arrestations: M. Pacantin fils, armurier, M. Armand, lieutenant de la Garde Nationale, M. Duhamel, ancien rédacteur de la *Constitution du Loiret*.

Proscripteurs à Orléans:

Boselli, préfet. Leserrier, procureur-général. Martin, juge d'instruction. Grand, général de division. Lafontaine procureur de la République. Ferrouil de Montgaillard, recteur de l'académie. Chevrier, avocat général. De Tristan, conseiller municipal. Paguerre, rédacteur du *Journal du Loiret*. De Moraques, conseiller municipal. La Cave, maire d'Orléans. Dupanloup, évêque. Dessoulx aîné, négociant. Waltbled, assesseur. Julienne, père agréé. Heurtaud, avoué à la cour. Tuisserand, avoué. Grity, propriétaire aux environs d'Orléans.

Mantellier, conseiller à la cour, qui mérite une mention particulière : pendant qu'il était substitut à Blois il se rendit avec un juge d'instruction dans une commune de son ressort, après avoir bu jusqu'à l'ivresse, nos deux magistrats, sous prétexte de rechercher un enfanticide, firent rassembler toutes les filles du village, et se livrèrent sur chacune d'elles en particulier, à d'ignobles attouchements. M. Bergerin, président du tribunal de Blois, se plaignit de cette ignominie au ministre de la justice.

Une admonestation fut adressée aux deux libertins, ce fut tout.

Loiret, préfet. Boselli, député. Nogent, de St-Laurent de Tarente.

La population Orléanaise n'était pas impérialiste, mais elle avait une peur affreuse des idées de l'élite intellectuelle des Républicains. La haute aristocratie était du parti d'Henri V, la bourgeoisie Orléanaise de celui des d'Orléans.

CHAPITRE IV

Nous avons été longtemps sans nouvelles de mon père.

Toutes les lettres que nous recevions étaient décachetées. Notre vie était assez triste.

Ma mère n'habitait plus la rue Jeanne d'Arc. Elle avait trouvé un petit appartement dans un quartier plus modeste. Elle trouva de l'ouvrage.

Moi j'étais restée à la pension Texier. Mademoiselle Elise Texier était notre sous-maîtresse, elle nous accompagnait dans nos promenades ; son frère Edouard partageait nos études et nos jeux. Il avait 12 ans au moment des événements qui changèrent sa vie et la nôtre. Madame Texier était une institutrice capable et expérimentée.

Monsieur Texier était un homme simple et bon, très instruit, un savant dépourvu de pédantisme. Il était très apprécié comme professeur au lycée d'Orléans. Il avait une santé très délicate. Cet homme de bien fut en butte aux tracasseries gouvernementales et policières, tout particulièrement à mon sujet. Voici dans quelle circonstance.

Un jeudi, nous étions en promenade, toutes les élèves, avec la famille Texier, nous marchions deux par deux, selon l'usage ; un homme s'approche de moi, me fait sortir des rangs. Ne sachant ce qu'il me voulait, je m'avance, il veut m'emmener. Aussitôt M. Texier me saisit par la main, me tire à lui, et dit à cet homme :

— Que voulez-vous à cette enfant. Elle me fut confiée par son père et sa mère, j'en suis responsable, je ne la remettrai qu'à sa famille.

— Alors vous savez donc où est le père ?

— Non, je l'ignore, mais si je le savais, je ne vous le dirais pas.

— Je voulais quelques renseignements, dit cet homme de police, je me suis présenté chez Madame M., elle était absente.

— Cela m'étonne, dit M. Texier.

Nous rentrâmes à la maison, notre promenade était terminée.

Voici ce qui était arrivé. Mon père avait prêté son passeport à M. Crémieux pour qu'il pût passer en Belgique. Celui-ci arrivé à Bruxelles fut arrêté ; on trouva sur lui le passeport, mais comme mon père ne s'était pas encore présenté à la police pour mettre sa situation en règle, on ignorait qu'il fût à Bruxelles.

La police belge avisa celle d'Orléans, ma mère fut mandée au Palais de Justice. Elle pensa que le procureur voulait sans doute la forcer à dire où était mon père.

Ma mère était si fatiguée de toutes ces tracasseries qu'elle ne voulut pas se présenter, elle s'absenta d'Orléans pendant quelques jours.

A son retour, M. Texier raconta à ma mère ce qui s'était passé.

Elle reçut de nouveau un ordre de comparution ; cette fois elle se présenta. Le procureur-général la questionna longuement ; lorsqu'il vit qu'il n'obtenait pas de réponse qui pût le satisfaire, il accusa ma mère d'avoir prêté à un certain M. Crémieux les papiers de mon père, dont ce monsieur avait été trouvé détenteur au moment de son arrestation à Bruxelles.

Nous avons su plus tard que M. Crémieux avait déclaré avoir trouvé ce passeport dans une des rues de Bruxelles. Cela n'empêcha pas la préfecture de police de faire une enquête.

Ma mère ne connaissait pas M. Crémieux, elle pouvait donc répondre en toute connaissance de cause et avec assurance.

Ma mère ne savait pas ce que cela voulait dire, elle a soutenu qu'elle ne connaissait personne à Bruxelles et qu'elle ne connaissait pas davantage M. Crémieux.

— Où est votre mari ? lui demanda le procureur.

— Pardon monsieur, vous êtes sans doute mieux renseigné que moi. Je serais bien heureuse si vous vouliez me l'apprendre. Depuis son départ je n'ai jamais entendu parler de lui ni de personne.

— On sait, madame, qu'on n'obtiendra des renseignements de vous que par la force, que vous étiez encore plus exaltée que votre mari. Nous savions jour par jour, heure par heure, ce qui se passait chez vous, les discussions qu'il y avait, les journaux qu'on y lisait, et les personnes qui s'y réunissaient.

— Puisque vous êtes si bien renseigné, pourquoi toutes vos questions ?

— Madame, si vous persistez à garder le silence, indiquant du doigt la porte de la prison communiquant avec la salle : d'ici à la prison il n'y a qu'un pas.

— Monsieur, répond ma mère, vous ne m'intimidez pas, vous ne me faites pas peur. Vous m'avez tout pris. Vous pouvez disposer de moi. Mais quand je serai en prison, vous vous occuperez de ma fille.

Ce monsieur voyant qu'il n'obtenait rien, se contenta de lui dire : Allez, madame, nous vous surveillerons.

Quelques semaines plus tard, un soir, ma mère reçut un petit billet de M. Texier, dans lequel il la priait de venir immédiatement. Elle se rendit en hâte chez lui. En arrivant elle vit tout bouleversé dans l'appartement. Toute la famille était en pleurs. Voici ce qui s'était passé. Monsieur Texier avait été prié de passer chez le procureur (impérial) — la république ayant été supprimée. — Voici ce qui lui fut dit et signifié :

— Vous avez fait partie de sociétés secrètes ?

— Non.

— Vous avez des relations intimes avec plusieurs membres de ces sociétés. Vous n'avez pas voulu faire votre devoir en nous aidant dans nos recherches.

— Monsieur, je suis professeur, ce n'est pas mon métier de renseigner la police.

— Vous n'avez pas voulu que votre jeune élève, mademoiselle M., répondît à quelques questions. Vous avez été même assez violent en retirant à vous avec force l'enfant.

— Monsieur, l'enfant m'a été confiée, j'en suis responsable, je l'ai dit à votre agent. J'ai fait mon devoir, je n'avais pas le droit d'agir autrement.

— A notre grand regret, je dois vous transmettre les ordres que nous avons reçus, vous concernant.

Etant donné vos bons services pendant votre longue période d'enseignement au lycée, vous ne serez pas arrêté, mais il faut vous expatrier. Vous avez quarante-huit heures pour quitter la France.

— C'est bien, je partirai.

En arrivant chez lui il s'évanouit; il eut la force de résister pendant quelques temps, mais il ne put se contenir davantage, le coup était trop inattendu, trop cruel !

Mme Texier, en apprenant la terrible nouvelle, était désespérée. Elle ne partageait pas, sur tous les points, les idées de son mari, tandis que les enfants soutenaient leur père. Elle voyait, non sans raison, avec un grand chagrin, l'abandon immédiat de l'institution qu'elle avait fondée, son mari, brisé, n'ayant qu'une faible santé !

Chère amie, dit-il à sa femme, je m'en irai seul, tu resteras avec les enfants, et, lorsque je serai installé, vous viendrez, tous les trois, partager mon exil. Ils ne voulurent pas le laisser partir seul.

Mme Texier décida de partir avec lui. Mlle Elise Texier resterait avec son frère, elle liquiderait la situation. Quand tout serait fini, ils iraient à Bruxelles rejoindre leurs parents.

Ma mère resta pour les aider aux préparatifs du départ. Le surlendemain, par une soirée sombre, sous un ciel sans étoiles, nous nous rendîmes à 10 heures du soir à la gare, pour faire nos adieux à mon cher maître. Ce départ était navrant. En 48 heures il avait vieilli de dix ans. Je me souviens encore de ce triste moment et de cette cruelle séparation. Lui se cachait derrière un pillier de la gare pour nous dérober ses larmes.

« Adieu, chers amis, nous dit-il, nous ne nous reverrons jamais. »

Il m'embrassa bien fort en me disant: « Chère petite, tu ne seras plus heureuse maintenant, chez vous aussi le foyer est brisé. Sois bonne avec ta mère. Dans quelques heures j'embrasserai ton père pour vous deux. »

Tous, nous pleurions. Le sifflet aigu de la locomotive vint hâter la cruelle séparation. Nous restâmes quelques instants encore, jusqu'à ce que dans le lointain nous eûmes vu disparaître le train se dirigeant sur Paris.

M. Texier était un doux, aux idées généreuses et larges, apôtre de l'instruction intégrale au même degré pour tous. A cette seule condition la République serait bienfaisante et durable, disait-il. Il fut exilé, parce qu'il était un honnête homme.

Naturellement, à Bruxelles, il alla chez mon père qui le reçut jusqu'à ce qu'il pusse s'organiser en Belgique.

Je suis restée quelques semaines encore à la pension, jusqu'à ce que Mlle Texier eut fini de régler la situation, après, elle et son frère sont partis pour retrouver leur famille.

Des amis de Paris étaient venus nous tranquilliser

sur le sort de mon père. Ils nous apprirent qu'il avait pu passer la frontière, grâce à son diplôme de Franc-Maçon ; il s'était dirigé sur Londres où il n'était resté que peu de temps. Ils nous racontèrent que mon père avait aidé à la fuite de M. Huttin, un monsieur très connu dans le mouvement à Orléans (homme supérieur) l'ayant précédé à Londres. Il put organiser avec des amis communs, un moyen de sauvetage assez original et assez compliqué. Ce monsieur partit d'Orléans il alla à pied jusqu'à Etampes, de là il prit le train jusqu'à Paris, où il se cacha chez des amis, pendant quelques jours. Puis il s'en alla de Paris à Dieppe (port marchand). Un ami le fit mettre dans une caisse capitonnée du fond et des côtés. Il fit beaucoup de trous sous le couvercle pour que l'air pénétrât dans l'intérieur de façon que M. Huttin pût respirer. Du côté du couvercle, cet ami inscrivit « fragile ». Il accompagna la caisse, à Londres, ils étaient attendus à la gare par mon père et quelques amis. Ils prirent le colis dans une voiture et ils se diri-gèrent du côté de l'appartement qu'ils avaient loué pour la circonstance, non loin de la gare. Dès leur arrivée ils ouvrirent la caisse. Il était temps : M. Huttin était presque évanoui. Il fut indisposé quelques jours. Mais après il alla mieux. Il était content, il avait la vie sauve et la liberté. Le voyage aurait été encore plus pénible s'il eût été expédié à Cayenne, comme l'ont été plusieurs de nos amis.

CHAPITRE V

En 1854 la furie impérialiste commençait à se calmer. Depuis longtemps nous correspondions régulièrement avec mon père, une fois par mois. Le port des lettres entre la France et la Belgique coûtait alors un franc. C'était cher, nous ne pouvions écrire plus souvent.

Il nous apprit qu'il avait loué un magasin aux galeries Royales à Bruxelles. Naturellement il s'occupait toujours de politique et de questions sociales. Il était toujours très empressé à recevoir les proscrits qui venaient vers lui.

Il reçut particulièrement Pierre Lachambeaudie lequel resta 6 mois avec lui.

Nous apprîmes aussi que monsieur et madame Texier étaient restés quelques semaines auprès de lui. Dès que ceux-ci eurent trouvé un appartement, ils s'installèrent chez eux, madame et monsieur donnaient des leçons, mais la vie était difficile pour eux.

Les forces de M. Texier étaient si épuisées qu'il tomba malade ; le docteur lui ordonna d'aller habiter à la campagne, ce qu'ils firent. Ils louèrent une petite maison et prirent des élèves ; cela allait un peu mieux financièrement et physiquement ; malgré tout, la santé de notre cher ami était bien compromise.

Ma mère avait eu un moment les intentions d'aller rejoindre mon père à Bruxelles, elle demanda conseil à Mme Texier laquelle répondit : « Qu'elle ferait mieux de rester à Orléans, qu'elle serait plus heureuse et plus tranquille. »

« Nous espérons que l'heure est proche où l'empire sombrera, alors nous rentrerons dans notre chère patrie. Votre mari sera heureux de retrouver l'humble foyer que vous lui avez conservé.

Ma chère petite amie, sois courageuse ! Si tu savais combien l'exil est amer ! Nous avons hâte que cette triste existence se modifie. Je suis si inquiète de l'état d'esprit de mon mari, il est toujours si malheureux, il lit avec tant de passion tous les journaux, espérant chaque jour que justice sera faite de l'empereur et de l'empire.

Je retrouverais la vie et la santé si je pouvais voir un beau matin à mon réveil, dans les journaux, la proclamation de la République (il était obsédé de cette idée fixe).

Comme je serais vite à Paris. Mais tant qu'un Bonaparte règnera en France, je n'y mettrai jamais les pieds !»

Nous reçûmes une lettre de Paris qui nous mit au courant de ce qui s'y passait, nous faisant part de la mort de Lammennais lequel mourut le 27 février 1854. Il se fit enterrer civilement, pourtant il était abbé, ce grand penseur qui refusa les prières, il ne voulut pas de croix, ni l'assistance de la religion.

Les choses de la vie suivaient leur cours tant à Bruxelles qu'à Orléans.

Un jour, le facteur nous apporte une lettre de Belgique encadrée de noir, nous étions très émues. En tremblant je déchire l'enveloppe, elle contenait une bien triste nouvelle; mon cher maître était mort depuis quelques jours..

Madame Texier me faisait le récit de ses derniers instants. Il avait été environ 4 jours réellement malade, atteint d'une fièvre chaude; il voulait qu'on lui lût tous les journaux possibles, parce qu'il était sûr, disait-il, que l'empereur avait été chassé et qu'on allait proclamer la République. « J'ai assez souffert pour elle, j'ai bien le droit d'assister à sa proclamation. Après, cela ne me fera rien de mourir. » Il était furieux contre les siens qui voulaient l'empêcher de sortir; des amis présents ne pouvaient le maintenir.

Le dernier jour il eut une crise violente, il trouva la force de s'habiller, d'ouvrir une fenêtre par laquelle il voulait fuir pour prendre le train de Paris. Les amis eurent beaucoup de peine à le retenir. Ils l'enlacèrent, le déposèrent sur son lit. Comme je suis fatigué! dit-il.

— Chers amis, jurez-moi que la République est proclamée.

Ils firent un pieux mensonge.

— Oui, elle est proclamée!

Merci, je meurs heureux !

Il devint plus calme, quelques instants plus tard il avait cessé de vivre. Jugez du désespoir de ses pauvres enfants et de Mme Texier.

J'ai bien pleuré, je n'oubliais pas que sans le vouloir, j'étais la cause de son malheur.

Après sa mort, je n'ai plus eu de nouvelles de sa famille.

CHAPITRE VI

Orléans était maté, il ne restait plus un seul républicain connu, les uns étaient en exil, les autres en prison, à Cayenne ou à Lambessa.

Cette année là ne fut heureuse pour personne à Orléans. L'inondation fut terrible, jamais elle n'avait atteint de proportions aussi vastes, jamais les quais ne furent envahis en un espace de temps aussi court et avec une telle impétuosité. On célébrait la procession de la fête Dieu. Comme tout le monde, j'y suis allée voir. Ces sortes de fêtes avaient beaucoup d'attrait pour la population orléanaise (y compris la fête de Jeanne d'Arc.)

L'itinéraire était de descendre par la rue de Bourgogne jusqu'à la Loire, de suivre le quai jusqu'au Pont Royal. Nous pûmes sans difficulté suivre le quai jusqu'au dit pont, nous remontâmes la rue Royale en ligne directe jusqu'au Mail. Cette partie est la plus haute de la ville. Pour gagner le quai de ce côté, il y a environ 300 marches. Quelle surprise ! nous ne pûmes descendre, presque toutes les marches étaient submergées. L'élévation des eaux fut si rapide que dans l'espace de temps que nous mîmes pour faire ce parcours, nous vîmes un gouffre profond comme une cathédrale ; nous dûmes revenir sur nos pas. A Orléans, à Menny, à Jargeau, l'étendue des eaux atteignit 200 mètres, dans l'espace de quelques instants.

Dès notre entrée en ville, tous abandonnèrent la procession. C'était une. panique générale.

Ma mère et moi, nous allâmes visiter les quartiers riverains du fleuve. Quelle horrible chose ! Les vieilles masures craquaient de toutes parts. De pauvres gens qu'on cherchait à sauver soit avec des bateaux, des tonneaux, des planches, poussaient des cris lamentables. Il fallait presque les arracher de force. Ils se réfugiaient sur les toits. Les maisons s'effondraient. Dans la rue de Notre-Dame de Recouvrance, l'eau avait envahi jusqu'à la toiture de l'église. Plusieurs personnes furent noyées.

Les bateaux chaviraient, sauvés et sauveteurs disparaissaient dans ce gouffre.

Les digues de la Loire étaient rompues.

Nous sommes revenues du côté de la ville, près du Pont Royal. Quel terrible spectacle ! On ne cherchait pas à sauver les meubles mais la vie de ces pauvres gens atteints par le fléau.

On entendait des cris de détresse, d'enfants et de vieillards dont les vieilles masures s'anéantissaient. Tout disparaissait avec un grand fracas, et c'était fini !

La Loire s'étendait sans borne, à l'infini. On aurait dit la mer en furie. C'était horrible. Cela dura une huitaine de jours au moins.

Lorsque les eaux commencèrent à baisser nous vîmes sur les flots des épaves sans nombre : des meubles, des lits, des fagots, du bois en grande quantité, du linge, des moutons, des vaches et des bœufs, des cadavres, des berceaux. Le troisième jour, on tenta de ramener sur la rive quelques épaves; un pauvre petit enfant endormi dans son berceau, qui flottait au gré des eaux, fut sauvé.

J'ai vu des choses affreuses dans ma vie, rien ne me semble plus épouvantable qu'une inondation. Aucune puissance humaine, aucun dévouement ne peuvent dominer cette effroyable catastrophe.

En temps ordinaire beaucoup d'étrangers visitent les bords de la Loire, ces rives charmantes et ombreuses, bordées de villas magnifiques, de jardins et de parcs.

L'empereur, en allant visiter les désastres de Montargis: s'est arrêté quelques heures à Orléans, où il fut reçu très froidement.

Il est probable qu'il dut la conservation de sa vie aux inondations.

CHAPITRE VII

Avant de m'étendre plus longuement dans mon récit, je crois utile de donner quelques notes biographiques sur mon père et sa famille.

Il est né au mois d'octobre 1817, à Happonvilliers, près de Chartres (Eure et Loire), il était fils de bourgeois assez riches, sa famille était très religieuse. Ces parents avaient cinq enfants, trois filles et deux fils ; c'était une ancienne famille, très estimée dans le pays dont ils étaient la providence.

Les trois filles se marièrent bien.

Les deux fils furent élevés au séminaire de Chartres.

Le fils aîné fit de brillantes études, il fût ordonné prêtre.

Mon père, le plus jeune des cinq, resta au séminaire jusqu'à l'âge de 19 ans. Mes grands-parents voulaient aussi qu'il fût dans les ordres, mon père refusa de continuer ses études.

Malgré le désespoir de sa mère, au retour des vacances, il s'obstina à ne pas rentrer au séminaire, mais il y fut conduit d'autorité. Huit jours plus tard, après la messe, il se sauva de cet établissement, il se rendit chez un cordonnier, fournisseur de la famille, le priant de bien vouloir le garder pendant quelques jours.

Les parents prévenus, arrivèrent à Chartres; ils insistèrent encore pour qu'il rentrât au séminaire.

«Non, jamais je n'y retournerai. Je ferai n'importe quelle profession, cela m'est égal, mais je ne serai pas prêtre ; se retournant vers le cordonnier, il lui dit : Voulez-vous m'apprendre votre métier ? » Au grand ébahissement de ses parents.

Voyant qu'ils n'obtiendraient rien de plus, ils le laissèrent libre du choix de sa profession (due au hasard des circonstances).

Il fit donc son apprentissage dans cette bonne ville de Chartres, au grand désespoir de sa famille (cependant il était bon fils et bon élève).

A 20 ans il faisait déjà de la politique, il blessait ses parents en faisant une propagande active anti-royaliste dans son propre pays. Eux étaient partisans de Charles X, mon père était républicain.

Un jour son frère était très fâché qu'il vint ainsi troubler la paix du village, il voulut lui jouer un tour de sa façon; mon père voulut faire un discours ; on lui avait organisé une estrade sur un grand tonneau à cidre, mettant une planche sur laquelle il devait faire sa harangue. Mon oncle ayant eu vent de la chose, fut l'instigateur d'une mauvaise plaisanterie, le tonneau fut rempli d'eau, et au beau milieu de son discours, mon père frappa du pied avec force pour donner plus de couleurs, afin d'en mieux pénétrer son auditoire ; la planche cassa, mon père fut englouti dans le tonneau, ayant de l'eau jusqu'aux épaules, naturellement il était furieux de cette désagréable surprise.

Cette vilaine farce rallia un grand nombre d'individus à ses idées. Voyez à quoi tiennent les choses ; souvent à un incident futil.

Le soir il revint vers son frère à la maison paternelle, il lui fit compliment des sentiments chrétiens qu'il inspire à ses fidèles. Ma bonne grand'mère aimait ses deux fils, elle était très affligée, elle ne put faire autrement que de blâmer son fils aîné.

Mon père était panthéiste, il avait horreur de tous les gens d'église et une profonde antipathie du clergé, quel qu'il soit.

Il aimait le Christ comme un homme, non comme fils de Dieu ; il le considérait comme précurseur d'idées nouvelles, bonnes et généreuses, il pensait que Jésus était un révolutionnaire de son temps, qu'il avait combattu les abus de sa propre religion et qu'il en avait été victime, comme l'ont été tous les grands réformateurs.

A 21 ans, il se maria à Orléans où demeurait ma mère. Ils vinrent habiter à Chartres pendant quelques mois, mais cette ville était trop étroite pour l'activité cérébrale de mon père ; il se décida d'aller à Paris, il était mieux dans son élément, alors il se donna corps et âme à la politique de son temps, ce fut la principale occupation de sa vie. Il faisait partie de diverses sociétés, entre autre du Grand-Orient.

La Belgique m'a-t-on dit, doit à mon père le plus bel article de sa constitution, lors de la réforme.

Ceci me fut raconté par un de ses ennemis personnels.

TROISIÈME PARTIE

CHAPITRE VIII

On m'a mariée à Orléans le 13 mai 1861 ; mon mari
sortait de la Garde Impériale, il avait fait les campagnes de Crimée et d'Italie.

En 1862, des circonstances imprévues nous obli-
gèrent de quitter Orléans. Nous allâmes nous fixer à
Paris. Cette ville me parut bien plus intéressante au
point de vue social que la ville d'Orléans, on y était au
courant de tous les événements littéraires, politiques et
économiques.

Dans cette ville composée de luxe et de misère, on
peut faire des remarques au jour le jour, au petit bonheur du chemin à parcourir dans la journée.

Dans cette première année, j'ai fait bien des expé-
riences, j'ai coudoyé bien des misères. J'ai vu des
pauvres femmes travaillant 12 et 14 heures par jour
pour un salaire dérisoire, ayant vieux parents et
enfants qu'elles étaient obligées de délaisser, s'enfermer
de longues heures dans des ateliers malsains, où ni
l'air, ni la lumière, ni le soleil ne pénétrent jamais, car
ils sont éclairés au gaz, dans des fabriques où elles
sont entassées par troupeaux, pour gagner la modique
somme de 2 francs par jour et moins encore, diman-
ches et fêtes ne gagnant rien.

Le samedi soir, après leur journée accomplie, souvent elles passent la moitié des nuits pour réparer les vêtements de la famille, elles vont aussi porter au lavoir, leur linge à couler, pour aller le laver le dimanche matin.

Quelle est la récompense d'une de ces femmes ? Souvent anxieuse, elle attend son mari qui s'est attardé dans le cabaret voisin de la maison où il travaille, et ne rentre que lorsque son argent est au trois quarts dépensé. Le boulanger, le charbonnier, l'épicier, il faut payer tous ces gens-là, si l'on veut avoir du crédit; le malheureux a tout oublié, mécontent de lui-même, lorsqu'il rentre il fait du tapage, maltraite la pauvrette, c'est à peine si elle peut préserver des coups ses enfants. Lui, le lendemain, la cervelle encore troublée des libations de la veille, se lève tard, gronde les enfants s'ils font le moindre mouvement, il n'entend pas qu'on lui trouble son repos. Si le dîner n'est pas prêt à l'heure exacte, il parle en maître! S'il est à peu près correct, après dîner il reste à la maison, mais s'il est contaminé par l'alcoolisme, il trouve qu'il est le plus malheureux des hommes, que sa maison lui est insupportable, il sort, va chercher des consolations au cabaret. Elle, l'épouse, comme le chien du berger, garde le troupeau. C'est le dimanche, jour du repos pour la malheureuse! Elles sont légions à Paris, les ouvrières se trouvant dans ces conditions.

Résultat: la misère noire, le suicide, ou la prostitution ce qui est pire encore. Les mots honneur, vertu, foi, sonnent mal aux oreilles de ces deshéritées; pour

elles, ce sont des phrases creuses et vides de sens.
L'enfer de Dante n'est pas plus épouvantable, que leur
existence. La vie parisienne est terrible aux pauvres
n'ayant qu'un maigre salaire. Un écrivain a dit « Paris
est le paradis des femmes, et l'enfer des chevaux.
Moi je dis : Paris est le paradis des demi-mondaines et
des chevaux de luxe, l'enfer des honnêtes travailleuses
et des chevaux de fiacre. Tous les deux entrevoient
la mort, comme une heureuse délivrance. Voilà leur
idéal ! »

Dans le courant de l'année 1864, Victor Hugo publia
Les Misérables, ce fut un évènement que cette œuvre
dans laquelle le poète traita la plus haute question de
la philosophie sociale.

Les classes dirigeantes en furent épouvantées.
Comme l'ouvrage se vendait cher, je me suis abonnée
dans un cabinet de lecture, au prix de 1 franc par 24
heures.

Je l'ai lu avec un grand intérêt. Ce roman philoso-
phique, réveilla les esprits endormis et fit penser.

Je me souviens que mon mari et moi, nous passâmes
la moitié des nuits pour le lire ; il est assez long, il
nous avait passionnés

Quoi qu'il y ait 44 ans que j'ai lu cette œuvre pour
la première fois, je la relis toujours avec plaisir, au
moins une fois par année (avec nos élèves). Fin
janvier 1864, un décret impérial proclama la liberté
industrielle, historique, artistique des théâtres.

L'heure était venue pour Emile Olivier, de lever le
masque de trahison. M. de Morny flattant sa vanité,

lorsqu'il l'eut mis à son point, il le fit nommer rapporteur du projet de loi, autorisant les grèves sans reconnaître les associations.

Le 28 septembre, les représentants, ouvriers de plusieurs nations européennes, se réunirent à Londres pour jeter les bases d'une association universelle des travailleurs, un comité en dirigea les statuts et le 25 octobre la Société Internationale des Travailleurs était fondée, (société de laquelle j'ai fait partie, plus tard, pendant plusieurs années.)

Le 14 janvier 1864, mon fils venait de naître. Plus que jamais, j'éprouvais le besoin de m'occuper des évènements de mon pays, naturellement, je voulus élever l'enfant moi-même, lui donner tous les soins que les besoins de son âge m'imposaient

J'avais un fils, je ne voulais rien ignorer de ce qui se passait autour de moi, pour l'en instruire en son temps, je voulais lui souffler un peu de mon âme.

J'avais conservé quelques amis de la première heure, ensemble nous entretenions des correspondances, nous échangions des idées sociales, j'écrivais régulièrement à mon père et aux quelques amis qui nous étaient restés fidèles. En un mot comme les vestales de l'ancienne Rome, nos entretenions le feu sacré.

CHAPITRE IX

Dans le courant de l'année 1865 mon fils tomba gravement malade, jusqu'alors il avait été un enfant magnifique; il fit une chute affreuse, nous ne savions ce qu'il avait, le docteur découvrit qu'il avait la deuxième vertèbre de la colonne vertébrale atteinte, les ligaments étaient rompus, il cessa de marcher, notre chagrin fut grand. La question sociale s'imposa avec une grande rigueur chez nous.

Mon mari, ancien soldat, quoique bon, avait contracté au régiment des habitudes désastreuses pour sa santé et pour notre bonheur.

Il avait quitté la Garde Impériale pour se marier, il n'était pas habitué à un travail sédentaire, il dut en réalité apprendre une profession, cela lui fut pénible dans les commencements, il était habitué à la vie des camps. En ce temps là, le service était de sept ans. Les gardes impériaux avait la paie d'un sous-officier, or lorsqu'ils n'étaient pas de service, forcémment, ils passaient leur temps au café. Lui, par malheur, était ¡e fils d'un alcoolique; quoique fort et bel homme, il avait les nerfs affaiblis, il était parfois atteint du délirium-tremens, il était travailleur, mais il ne pouvait s'astreindre longtemps ; il était incohérent, irrégulier dans tous les actes de sa vie. J'appris par les docteurs que mon mari ne guérirait jamais, qu'il fallait ne compter que sur moi-même désormais, que malgré sa bonne volonté, il ne pouvait accomplir sa tâche sans que je l'aidasse.

Je me suis mise au travail, heureusement pour moi je gagnais assez d'argent pour mainteuir notre budget en équilibre ; mais, nous avions des moments terribles à passer; la maladie de notre cher petit fut longue et coûteuse.

Il avait alors deux ans. J'ai consulté plusieurs docteurs, entre autres Camille Raspail, le fils du fameux Raspail, ami intime de mon père, lequel m'avait soigné dans mon enfance ; il m'ordonna un appareil compliqué, dont le coût était de trois cents francs. Camille Raspail demeurait alors rue Madame, je demeurais rue de la Chapelle, le trajet était long et pénible pour moi, le docteur me fit faire connaissance du docteur Dupas, il était plus à ma portée, demeurant rue Mirrha. Il venait chez moi deux fois par semaine visiter mon cher petit, il nous consolait de son mieux, nous disant qu'à force de bons soins l'enfant reviendrait à son état normal. Et comme il est intelligent, disait-il en riant, nous en ferons un médecin.

Comme j'étais heureuse de pouvoir soigner moi-même mon cher enfant! j'ai beaucoup lutté, j'ai beaucoup travaillé, mais rien n'a manqué à mon cher ange. Avec la volonté on trouve les forces d'accomplir son devoir dans la vie, vouloir c'est un puissant levier qui dompte la faiblesse, et fait accomplir de grandes choses.

Comme j'aurais été malheureuse, si mon enfant avait été entre des mains étrangères.

Je plains les mères qui ne peuvent élever leurs enfants, et je blâme, celles qui le peuvent et ne le veulent pas, elles abdiquent le premier des devoirs, le plus sacré que leur impose la nature ; elles se privent de bien des jouissances, les seules désintéressées ; si elles savaient comprendre tout le bonheur qu'il y a pour une mère, à suivre jour par jour, heure par heure, le développement de ces chers petits êtres, si faibles, si fragiles ! Il est si doux d'épier leur moindre geste, la moindre transformation. Dès le premier moment, l'instinct dominant est de chercher sa nourriture, il affirme son droit à la vie, nécessité fatale ; son regard vague erre autour de tout ce qui l'environne, semble chercher un point d'appui, une protection ; il s'habitue aux objets, aux bons soins et, dès que sa confiance est établie, il en ressent les bienfaits, il semble remercier, par un doux sourire, qui pénètre jusqu'au fond du cœur, ce sourire-là, une mère ne l'oublie jamais. Les premiers bégaiements, le premier son de sa voix le surprennent, il est si étonné, il n'est pas sûr que ce soit lui-même qui ait produit ce bruit, il s'exerce pour s'en rendre compte ; puis viennent les premiers pas, comme il est fier, le cher petit, lorsqu'il se sent affranchi de toute tutelle ! Je me souviens que lorsque mon fils était assez fort pour marcher, la crainte seule, l'arrêtait, je lui tendis un fil pour qu'il put mesurer sa force, il le prit avec ses petits doigts, s'élança, de cet instant il était affranchi ; il avait alors

14 mois, ses premières chutes l'effrayait bien un peu, il tombait dix fois, vingt fois, se relevait ; il en faisait un jeu, il riait aux larmes. C'est le seul vrai bonheur que j'aie goûté. Les mères qui se privent de ce bonheur là, ne savent pas que c'est le plus grand de la vie. Que de beaux rêves j'avais fait pour mon cher enfant ; je voulais qu'il fût instruit, qu'il eût une bonne éducation ; comme je serais heureuse, si un jour la chance venait à me sourire, et que mon fils fût devenu docteur ; je le rêvais célèbre, naturellement ; je lui enseignais à être bon pour tous les pauvres déshérités, qui souffrent et meurent faute de soins et d'argent. Ou professeur... le médecin de la pensée. qui fortifie le cerveau et crée des hommes intelligents, dans le véritable sens du mot, sans pédantisme.

Assurément je ne l'aurais jamais rêvé général. Je le rêvais bon, un homme enfin !

Lorsqu'il faut soigner un cher malade... on travaille moins et on dépense davantage ; dans cette période de ma vie, j'ai passé des instants très difficiles.

Un certain jour mon cher petit allait plus mal, il faillit mourir, le médecin vint me voir, il m'ordonna une potion que je fis faire dans une pharmacie, c'était un samedi soir, il était trop tard pour aller régler le prix de mon travail, je ne m'étais pas aperçue que je n'avais plus d'argent. J'ouvre mon armoire, je regarde mon porte-monnaie, il est vide ; jugez de mon désespoir, j'étais timide, je ne savais que faire, j'ai fait les cents pas devant la porte du magasin sans entrer. Ce fut la première, et la seule fois de ma vie que je fus tentée de tendre la main pour demander aux passants de m'aider à sauver la vie de mon enfant. Non, me suis-je dite, non ! Je ne puis me décider à tendre la main ; on me prendra pour une menteuse, ou une aventurière.

Pourquoi ces gens, auraient-ils pitié de moi ; ils ne me connaissent pas. Les instants pressaient, mon enfant était étendu sur son lit, il faut agir, je prends une grande résolution, j'ouvre la porte très décidée à prendre la fiole, si on me refusait le crédit, j'avais l'air si désespérée, si effrayante peut-être !

Lorsque le pharmacien me mit le flacon entre les mains, je tremblais, j'étais émue, je lui racontai mon chagrin, il le comprit. J'étais si heureuse, si j'avais osé, je l'aurais embrassé, je crois. Le lundi je suis allée lui rendre l'argent, et nous sommes restés bons amis jusqu'au moment où j'ai quitté la France (en 1872). Un pharmacien ne devrait jamais refuser un crédit, après ordonnance d'urgence. (Le cas échéant, où la note ne serait pas payée, il pourait se faire rembourser par la Mairie de son arrondissement en justifiant la dette. Le budget paie des choses de bien moindre importance.)

Je courus chez-moi; mon cher petit était toujours très mal, je lui fis prendre sa potion, je lui mis un vésicatoire entre les deux épaules ; pendant plusieurs heures, il nous donna de grandes inquiétudes, petit à petit le mieux se fit sentir. La respiration semblait se rétablir, à l'aurore mon petit ange était sauvé.

Heureusement, ma mère était avec moi, sans elle je n'aurais pas pu travailler et soigner mon petit.

Mon mari, nerveux à l'excès, n'était en ce moment-

là qu'un surcroît de peine, il s'en alla à la campagne.
Il se désespérait, il pleurait, se fâchait !

Enfin l'enfant se rétablit, mon mari revint. Il paraissait plus calme ; la vie ordinaire de travail recommença, la gêne avait disparu, nous pouvions faire face aux exigences de la vie, c'était notre seule ambition. Notre fils nous rendait heureux ; il était joli, un beau blond, aux cheveux frisés, aux grands yeux bleus, doux et vifs ; mais il ne marchait toujours pas.

Vers cette époque j'allais deux fois par semaine chez le docteur Dupas, avec lequel nous nous trouvions alors en relations intimes, rue Mirrha ; il était un membre actif de l'Association Internationale des Travailleurs, fondée le 25 octobre 1864.

Cette société n'avait pas fait en France tous les progrès qu'on attendait. Les fondateurs avaient espéré que le sentiment de la puissance invincible des prolétaires unifiés, aurait bientôt emporté toutes les barrières opposées au socialisme, par le patriotisme, le chauvinisme, l'esprit de clocher. On s'était figuré que tous les ouvriers comprendraient bientôt que leurs amis, c'étaient tous les travailleurs du monde, et que leurs ennemis, n'étaient pas les Allemands, ni les Anglais, etc., mais tous les exploiteurs à quelque nation qu'ils appartinssent, les gouvernants et leurs suppôts. Ce moment d'union devait aux yeux de ses promoteurs s'étendre comme une traînée de feu dans tous les pays civilisés, appeler à la rescousse toutes les forces vives, toutes les énergies, tout l'enthousiasme qui fait faire des merveilles !

Les gouvernements comprennent mieux que les prolétaires la puissance énorme que pourrait avoir une véritable internationale. Les poursuites ne tardèrent pas à commencer, et pourtant il n'y eut que bien peu de Français qui comprirent la force, la puissance que l'association leur mettait entre les mains.

L'esprit de routine est si puissant chez nous qu'on ne voyait dans l'Internationale qu'un mouvement erratique, plus ou moins fort. On ne forme pas l'esprit d'un peuple en quelques jours, surtout un peuple foncièrement conservateur, comme le peuple français, qui veut bien changer le titre de son gouvernement, mais qui refuse absolument de changer l'essence même de son organisation et de ses institutions, tout en en reconnaissant les fautes et les dangers.

Il y eut plus de travailleurs de l'esprit que d'ouvriers manuels qui s'enrolèrent d'abord dans les rangs de l'internationale (Jules Simon par exemple, Delescluse, plus tard Elysée Reclus). Quand à moi, lorsque j'ai fait partie de la société, j'ai compris l'immense portée de cette union. Dans nos réunions de petit groupe, nous entendions les discours enflammés de nos camarades, nous nous laissions entraîner par notre foi, nous étions emportés par notre idéal. Pour nous Frankel était aussi bien notre compatriote qu'un Montmartrois (quoiqu'il fût Hongrois).

L'internationale n'a pas eu toute la portée qu'on lui a prêtée sur les événements de 1870 et 71. Cette association n'a pas eu d'influence sur la proclamation de la Commune. Ce que le peuple voulait de ses élus,

c'était qu'ils fissent respecter ses franchises municipales. Et les rêveurs voulaient une fédération, comme
en Suisse. Ce n'était pas un crime

Les circonstances qui ont amené la proclamation de
la Commune, sont dues à M. Thiers et au gouvernement de la défense nationale.

Mon mari et moi, nous avions adhéré à cette Société.
Je fis connaissance des citoyens Frankel, Roulier, Ver-
morel, Delescluse. A partir de ce moment je commencai
à prendre une part plus ou moins active dans le mouvement, deux fois par semaine j'assistais aux réunions
intimes, j'insistais pour que mon mari m'accompagnât,
pensant que cela lui ferait une distraction et lui donnerait des pensées qui le détourneraieut de ses habitudes
dangereuses pour sa santé et notre tranquillité : les premières fois, cela lui convenait assez, il accepta que
nous collaborions à la fondation de la boulangerie coopérative du « quartier de la Chapelle » Nous allions
au Comité aux heures libres, après notre journée terminée, ma mère gardait notre fils, lequel était déjà
couché.

Nous avions aussi fondé des groupes d'études
sociales, on y discutait de choses sérieuses, on formait
des projets pour adoucir le sort des travailleurs, on
cherchait et discutait les moyens pratiques pour engager les travailleurs à s'instruire et s'habituer à penser.
A cet effet, nous rêvions de fonder des bibliothèques,
nous faisions tous nos efforts pour encourager la
classe laborieuse à son développement intellectuel.
Nous voulions faire comprendre aux onvriers qu'il est

de leur intérêt de ne compter que sur eux-mêmes pour s'affranchir, mais que pour cela il ne leur faut rien négliger pour s'instruire, chose plus facile à faire qu'on ne le pense, si on calcule tout le temps perdu au cours de l'année, en banalités de toutes sortes, par exemple : à passer des heures entières dans un cabaret où l'on respire un air malsain.

En 1867, mon fils était toujours faible, le Dr Dupas me conseilla, dès le printemps, de l'envoyer à la campagne, la nature lui ferait plus de bien que tout ce qu'on pourrait lui donner à Paris. Nous suivîmes son conseil.

A mon grand chagrin, je fus obligée de me séparer de lui, il partit avec ma mère, qui l'adorait, je savais qu'il serait heureux. Ils allèrent dans notre famille aux bords de la Loire, climat plus sain que celui de Paris.

Inutile de dire que ce fut un grand chagrin pour moi. Pour me consoler, je pensais que je n'étais pas seule à avoir des malheurs, qu'ils étaient peu de chose en comparaison de tout ce qui se passait autour de nous, et dans l'humanité, les guerres continuelles, la tyranie qui oppressait la France, la lutte incessante occasionnée par la misère qui augmentait de jour en jour.

La Seine, ce tombeau des désespérés, ne rend pas toujours ceux qu'elle engloutit dans son sein.

Je ne pouvais m'apitoyer sur moi-même, cela m'aurait semblé de l'égoïsme.

Je me sentais des forces pour être utile aux autres. J'ai toujours trouvé plus malheureux que moi, il n'est pas nécessaire d'être riche, ou du moins d'avoir beaucoup d'argent pour alléger la misère. Avec peu, offert avec son cœur, on pourrait soulager tant d'infortunes !

Ma mère et mon fils étaient à la campagne, ils étaient heureux, le petit allait mieux, après quelques mois, il commença à marcher de nouveau.

Nous allions toujours au Comité de la rue Mirrha, nous n'étions pas nombreux, la loi ne permettait pas la réunion de plus de trois personnes, sans autorisation officielle, nous nous divisions ainsi sur plusieurs points de Paris, nos réunions avaient un peu le caractère de réunions secrètes.

Dans les rues tout attroupement composé de plus de trois personnes était dispersé, et considéré comme un délit, et puni selon la loi.

Le compagnon Roulier était l'homme d'affaires de notre groupe, il avait pour mission d'entretenir les rapports sociaux entre les groupes divers et était le secrétaire du groupe de la rue Mirrha.

Frankel venait régulièrement à nos réunions. C'était un Hongrois, assez fort, de taille moyenne, très intelligent, très doux, ayant de jolies manières, nous étions plutôt familiers avec lui. N'étant pas membre actif, je n'avais pas l'occasion de me rencontrer avec les internationalistes dans d'autres milieux ; et il me fallait travailler.

Le 16 novembre 1867, nous apportâmes notre apport social, lequel était de 20 francs par membre, payable par fraction pour la coopération de la boulangerie.

Il y avait un grand avantage pour la collectivité de

supprimer les intermédiaires. Chaque année on devait faire la répartition des bénéfices réels en trois parts, un tiers aux membres de l'association, un second tiers comme fonds de réserve, et la troisième partie était mise à la disposition d'une autre coopérative désirant se fonder, sans qu'on prélevât aucun intérêt. Ainsi fut fondée la coopérative de l'épicerie. Malheureusement notre organisation dura peu. L'hiver de 1867 fut rigoureux, la misère était si grande qu'il était impossible de refuser le crédit pour les denrées de première nécessité.

C'est ce qui a perdu nos deux coopératives qui n'avaient pas de capital suffisant pour résister aux mauvaises dettes.

CHAPITRE X

Nous étions en pleine exposition, Paris était très animé, il y avait beaucoup d'étrangers, la misère augmentait de jour en jour, peu de travail.

La ville était bouleversée de fond en comble par Hausmann, le grand démolisseur, la vie était misérable, les affaires allaient aussi mal que possible ; les loyers augmentaient considérablement, et frappaient cruellement la classe ouvrière et la classe moyenne.

Dans les premiers jours de septembre, je reçus une lettre de mon père, dans laquelle il m'annonçait qu'il viendrait nous surprendre sous peu de jours, mais qu'il viendrait incognito, ne voulant pas faire sa soumission à l'empereur, il voulut laisser ignorer qu'il eût passé la frontière.

Peu de jours après nous reçûmes un télégramme pour nous rendre à la gare à sa rencontre ; avec un de mes cousins, nous allâmes le chercher ; il nous était difficile de le reconnaître, il y avait 15 ans que je n'avais vu mon père. J'étais une petite fille, lorsqu'il avait été obligé de nous quitter, maintenant j'ai 25 ans je suis épouse et mère. Ce ne fut pas sans difficulté que nous nous sommes rencontrés.

Mon cousin se mit en embuscade du côté gauche de l'arrivée (au chemin de fer du Nord), moi du côté droit, nous demandions à tous les voyageurs, de taille moyenne : Pardon, n'êtes-vous pas M... Je commençais à me décourager, lorsque mon cousin vint à moi, d'un air triomphant, en me présentant mon père : Voici mon oncle, me dit-il.

Quelle chose étrange, que le jeu de l'imagination, le physique de mon père n'avait aucun rapport à l'image qui m'était restée de sa personne. Lorsqu'il quitta la France, il était encore jeune, brillant, 15 ans d'absence l'avait bien changé ; il avait l'air brisé, les cheveux gris, il paraissait affaissé, lorsqu'il vint à moi, il me parut assez indifférent ; j'étais glacée. De son côté, je n'étais plus pour lui, la petite fille qu'il avait laissée ; j'étais une femme, mère de famille, il m'embrassa, mais nous étions étrangers l'un à l'autre, désormais.

Nous nous acheminâmes vers notre appartement, en arrivant nous nous mîmes à table, mon mari le reçut assez bien, nos parlâmes du passé, des misères que ma mère avait eu à subir à Orléans, et de son courage pour faire face à tout, naturellement nous n'étions pas doux pour l'empereur.

L'exilé ne vit pas ma mère, elle était encore dans sa famille avec mon petit garçon.

Mon père n'était pas satisfait de mon mariage, mon mari n'était pas à son gré ; il était fâché contre ma mère à cause de l'union qu'elle m'avait fait contracter.

Il avait rêvé que j'épouserais un fils de Pierre Lachambaudie, le fameux fabuliste ; il aurait été heureux d'établir un trait d'union entre eux.

Le lendemain il partit de bonne heure pour aller

rendre visite à Victor Hugo, qui lui avait donné un rendez-vous.

« Tu viendras avec moi, me dit-il, mais pas ton mari ». Cela m'avait un peu fâchée.

Je lui ai répondu : « Père, je ne veux pas sortir, j'ai à faire. »

Le lendemain il est parti, je ne l'ai jamais revu.

Je lui écrivis plusieurs fois, mais en vain.

J'écrivis au Bourgmestre de Bruxelles, lequel m'envoya l'acte de décès de mon père, il était mort le 26 septembre 1868 ; juste une année après son voyage à Paris.

CHAPITRE XI

Mon fils allait de mieux en mieux, nous étions heureux. Hélas ! ce ne fut pas de longue durée.

Nous étions au mois de novembre, l'automne était beau, ma mère prolongea son séjour au delà de nos désirs, croyant bien faire. Il fut décidé qu'ils reviendraient le 15 novembre, ce jour-là, il faisait très froid, ma mère enveloppa mon petit garçon dans des vêtements excessivement chauds, pour le garantir contre l'air glacé ; il était trop chaudement enveloppé, enveloppé, malheureusement. Je suis allée à la gare pour le chercher, à huit heures du soir environ. Je voulus embrasser mon chéri, il était dans une telle transpiration, qu'on eût dit qu'il était dans un bain de vapeur, j'en fus effrayée, il paraissait si fatigué, que nous primes un fiacre. Dès notre arrivée je le mis au lit, il ne voulut rien prendre, dans la nuit il eut une forte fièvre, le lendemain il n'allait pas mieux, le médecin vint le voir, mon cher petit avait une fluxion de poitrine.

Avec de grands soins nous pûmes le rétablir, mais il était très faible, et de nouveau, il cessa de marcher, malgré cela, il était gai, spirituel ; il commençait à lire, nous espérions que le printemps le remettrait complètement.

Les premiers jours de janvier, il tomba de nouveau malade, le médecin venait plusieurs fois par jour, l'enfant était toujours souriant ; un soir, il m'appela et me dit :

— Petite mère, je vais mourir.

— Tais-toi, lui dis-je, dors mon chéri, ne dis pas de si vilaines choses, tu ne mourras pas. Tu nous fais de la peine, lorsque tu dis des bêtises.

Je voulais qu'il restât tranquille, je pensais que c'était un caprice d'enfant. Je l'ai même un peu grondé pour qu'il s'endormît.

Il me réitéra les mêmes paroles, enfin il s'endormit, sa respiration était assez régulière, rien ne semblait inquiétant ; il aura eu un mauvais rêve sans doute, pensais-je.

Pourtant je n'étais pas rassurée, je me reprochais de l'avoir grondé, il avait l'air si fâché contre moi ; j'attendais le jour avec anxiété pour dissiper mes tristes pensées. Si cela était vrai, s'il allait mourir ; j'en deviendrais folle.

A son réveil, il ne paraissait pas plus mal ; mais lorsque je lui fis sa toilette, je m'aperçus qu'il avait la jambe gauche paralysée, je fus foudroyée. Il me dit : « Petite mère, si je meurs, n'est-ce pas, tu mourras aussi ? »

Vers les trois heures, ce même jour, il eut une crise, le docteur prévenu, vint en hâte, il ordonna une potion. S'il prend à temps cette médecine l'enfant pourra être sauvé.

Immédiatement mon mari partit.

Le temps de son retour me semblait bien long, la distance était assez éloignée de notre maison à la pharmacie.

— Petite mère, grand'mère, papa, je vais mourir.

Cette fois, je n'ai plus de doute, il sentait qu'il allait mourir, le cher enfant.

— Mon cher ange, ne meurs pas, je t'en prie, ton petit père va venir, et tu seras sauvé.

Le cher petit ne parla plus, mais il prit avec ses deux petites mains, les deux montants de son lit, il s'y cramponna avec une telle volonté, qu'il put résister ainsi jusqu'à l'arrivée de son père.

Hélas ! la potion arriva trop tard, lorsqu'il vit son père, de grosses larmes coulèrent de ses beaux yeux, ses mains lâchèrent prises, il soupira et tout était fini. Il mourut le 28 janvier 1868.

J'étais surprise, atterrée, je ne puis dire si je souffrais ou non, je n'avais pas conscience de ce qui m'arrivait, je ne pouvais me convaincre de la réalité.

Lui, qui avait été ma seule espérance, ma seule joie, c'était fini à jamais. Il était si doux, si intelligent, dans sa candeur naïve. Il mourut à l'âge béni où les enfants sont adorables. Lorsque je fus forcée de me rendre à l'évidence, je voulus seule m'occuper de mon cher trésor ; je lui fis sa toilette, je lui mis ses plus beaux habits, sa jolie robe de cachemire blanc ; il était si beau couché dans son lit garni de rideaux de dentelles, il semblait sourire et dormir ; si j'avais pu le garder ainsi toute ma vie, cela aurait été encore du bonheur !

Pourquoi était-il né ? pour souffrir et mourir ? lui le pauvre ange, n'avait jamais fait de mal à personne, de quelle faute ce Dieu de bonté l'avait-il puni ?

De ce jour ce fut fini entre moi et Dieu. Jusqu'alors il était ma seule croyance ; mystique, je n'avais jamais éprouvé le besoin d'une foi quelconque. J'aimais la vie, je croyais au bien, je faisais mes efforts pour m'approcher le plus possible de la justice et de la vérité. Ce fut là toute ma religion, je ne crois pas à la mort, mais à la transformation éternelle de la matière, des êtres et des choses, à la perfectibilité de l'individu dans l'humanité. Si j'eusse voulu inventer un Dieu, j'aurais voulu qu'il fût vraiment bon, qu'il ne fût pas toujours disposé à punir les enfants des fautes des parents, si faute il y a.

C'est trop monstrueux !

J'ai horreur de la haine et de la vengeance. Je ne puis donc concevoir un Dieu vengeur.

Enfin le troisième jour, il fallut mettre mon fils bien aimé dans cette affreuse boîte qu'on nomme cercueil, quel horrible moment !!!...

Par une pluie battante, lentement nous nous acheminâmes vers le cimetière de la Chapelle. Au bord d'une allée une fosse de six pieds de profondeur était creusée. C'est là que l'on enfouit mon trésor.

Le retour était triste, cette maison vide et silencieuse semblait un tombeau. J'avais lutté inconsciemment, la détente se fit, je sentais mon cerveau épuisé, je pensais devenir folle. C'était la première fois que je voyais la mort de si près. Ce mort, était mon fils bien aimé !

Ma mère s'entendait de moins en moins avec mon mari, elle résolut de nous quitter. On lui proposa une place de concierge, quoiqu'elle n'eût jamais rempli cette fonction, elle l'accepta. C'était dans la rue de Beaune, maison Astiers dont le propriétaire tenait un magasin, rue Tronchet, près de la Madeleine (j'entre dans ce détail, qui aura une grande importance dans l'avenir.)

Nous avons quitté notre appartement, tout nous y rendait si malheureux! Nous sommes allés, mon mari et moi, habiter place St-Georges, ainsi commença le premier trimestre de l'année 1868, une vie nouvelle allait survenir.

Je travaillais pour une maison de luxe, rue de la Grange-Batelière, j'étais plus rapprochée de mon ouvrage et j'étais dans le centre de la ville. Pendant quelque temps, j'étais restée indifférente à toute chose, je travaillais, je lisais chaque jour les journaux, j'allais très rarement à la rue Mirrha. Tous nos beaux rêves semblaient s'évanouir.

CHAPITRE XII

L'exposition de laquelle Napoléon III avait tant espéré pour équilibrer son trône chancelant, fut une défaite ; malgré les réceptions qu'il fit aux souverains étrangers, son prestige était affaibli de toute part.

Le Tsar et le roi de Prusse applaudirent à la revue de Longchamp, mais ces fêtes internationales, et ces baisers de souverains faisaient pressentir la guerre. La misère augmentait d'une manière effrayante. Les suicides étaient journaliers. La rente baissait, les petits rentiers ne pouvaient plus joindre les deux bouts, le travail était presque nul. La liberté de réunions, alors autorisées, donnait libre cours aux pensées, chacun déversait toute l'amertume qu'il avait contre un régime de tyrannie, de crimes et de gaspillage.

Le Bund du 15 juin 1867 écrivait : Le roi de Prusse et Bismarck ont quitté Paris, convaincus que la guerre est inévitable.

Un jeune historien, Tenot, raconta dans son journal, la mort d'un paysan du Var, nommé Ferdinand Bidauré, qui avait été fusillé deux fois en 1851.

Il rappela que le docteur Alphonse Baudin, s'était fait tuer sur une barricade de la rue Sainte Marguerite, en disant : « Voilà comment on meurt pour 25 francs par jour » alors qu'il essayait de soulever le peuple pour la défense de ses droits ; il reçut une balle en pleine poitrine, (toutes ces choses étaient oubliées.) Tenot, qui avait écrit ces lignes, fut condamné pour avoir conté la mort de Bidauré.

Le réveil se fit en faveur du droit, dans les esprits, comme mus par un sentiment de justice et de protestation, ; la plupart des personnalités du parti démocratique, s'étaient trouvées réunies le 1er novembre 1868, au cimetière de Montmartre, des couronnes d'immortelles à la main ; je me suis frayée un passage à travers la foule ; comme je connaissais la place où était Alphonse Baudin, j'ai pu parvenir auprès de sa tombe, laquelle semblait assez abandonnée, sur une grande pierre d'un gris noirci par le temps il y avait une inscription : Alphonse Baudin, représentant du peuple, mort le 4 décembre 1851.

Cette manifestation qui n'avait rien de politique, amena un grand nombre d'arrestations.

Depuis le boulevard Montmartre, toutes les rues aboutissantes au cimetière étaient envahies par la foule immense, et cernées par la police qui surgissait de partout, personne ne pouvait avancer, ni reculer. Dès que la manifestation fut terminée, j'ai voulu revenir chez moi, je ne pouvais y parvenir, de grands bruits passaient de bouche en bouche, tout le monde était effrayé. Dans ces sortes de foule, il y a plus de curieux encore que d'intéressés, ceux-là ne sont pas les moins épouvantés

Dans le cimetière, il y eut pas mal d'arrestations. MM. Peyra, rédacteur en chef de *l'Avenir National,*

Chalemel-Lacour, rédacteur en chef de la *Revue Poli-tique,* Delescluse, directeur-gérant de la *Tribune,* Quentin, rédacteur du *Réveil* furent arrêtés. Ainsi que Gaillard, père et fils, ce dernier fit des vers de circonstance qu'il déclama sur la tombe de Baudin.

Je pus, après bien des efforts gagner la place St-Georges et je suis revenue assez tard à la maison. Ce jour-là on craignait une émeute dans Paris. Dans la soirée, la foule se dispersa, et tout se calma.

Le 14 novembre comparurent toutes les personnes qui avaient été maintenues en état d'arrestation, elles furent accusées de manœuvres à l'intérieur, contre la sûreté de l'état, parce qu'elles avaient rappelé à la France de l'empire que, dans un cimetière de Paris, reposait un représentant du peuple, mort pour la République. Tous les honnêtes gens de tous les partis protestèrent au nom de Baudin.

Pour la première fois, Gambetta se fit connaître. C'était alors un jeune avocat, il prit en main la défense de Delescluse, il s'est révélé un défenseur ardent de la démocratie, il jeta un défit au ministère public et à l'empire : « L'histoire vous jugera » dit-il ; ce mot le rendit célèbre. Il était magnifique dans son éloquence, il sut pénétrer la foule. En dépit des mois de prison et des amendes qui tombaient comme de la grêle, sur les accusés, on sentait que l'empire seul était condamné. Désormais, avait-il dit, nous aurons une fête civique à célébrer an nom des martyrs. C'est le 2 décembre.

CHAPITRE XIII

Quelques mois plus tard nous quittâmes la place St-Georges pour aller habiter dans la maison de Mlle Lemaignant, rue de la Glacière, les loyers étaient moins chers et nous étions plus près de la campagne, cela était préférable pour la santé de mon mari.

Dès ce momemt j'ai cessé d'aller dans les groupes, j'étais trop éloignée de la rue Mirrha.

Depuis l'affaire Baudin, je suivais pas à pas la décadence impériale. La *Lanterne* de Henri Rochefort venait à son tour saper la base de l'empire vermoulu; nous lisions la *Lanterne*.

Du 23 au 24 mai 1869 fut une fameuse journée pour la France. L'empereur employa tous les moyens agitant le spectre rouge pour effrayer les campagnes (vieilles méthodes bonapartistes). On avait, pendant la période électorale, distribué par milliers des dessins représentant d'un côté, la ruine et le pillage avec ce mot *République*. De l'autre les moissons prospères avec ce vocable sauveur ! l'*Empire*. Rien n'y fit, l'étoile impériale pâlissait terriblement.

Les députés à Paris s'étaient affirmés de l'opposition. Cette soirée ou plutôt cette nuit, sur les boulevards il y avait une foule immense, nous sommes restés avec mon mari jusqu'à deux heures du matin, dans l'attente du résultat des élections ; rue du Croissant, les porteurs de journaux étaient assaillis, ils ne pouvaient circuler. Je me rapelle qu'un Monsieur, plus habile que les autres, était parvenu à obtenir un journal, la foule l'obligea de monter sur un banc, et de lire à haute voix le résultat des élections. Ces élections devinrent le signal des émeutes du boulevard, parodie des journées révolutionnaires, les blouses blanches défilaient à heures fixes, des sergents de ville le casse-tête en main assommant les passants paisibles. Le seul émeutier était Piétri, préfet de police, de sinistre mémoire.

En novembre, MM. Crémieux, Glais-Bizoin, Rochefort étaient nommés par les électeurs de Paris. L'empereur était furieux : « Que ce soit Pierre ou Paul, disait-il, ce sera toujours mauvais ». M. Thiers dans ces jours-là, disait à l'empereur « Vous n'avez plus de fautes à commettre ! »

Hélas ! il devait en commettre de plus terribles.

Rochefort, dans sa *Lanterne* frappait avec force l'édifice impérial ; il attaquait la cour avec acharnement, il était acerbe et cruel envers l'impératrice. La puissance du gouvernement s'affaiblissait de plus en plus ; on sentait, de tout côté, se rompre les liens de la tyrannie ; chaque condamnation pour délit de presse ou de parole, ouvrait le gouffre, où devait s'engloutir l'empire. Chaque jour les mécontents manifestaient dans la rue, et osaient parler haut.

L'affaire Tropmann avait excité à un tel point la population parisienne, que beaucoup prétendaient que c'était un conte bleu, inventé par l'empire pour détourner l'opinion publique des affaires impériales.

Vers la fin de l'année on devait interpeller le gouvernement. Rochefort, pour avoir dit leur fait à la famille impériale et ses suppots, fut provoqué en duel par le prince Pierre Bonaparte, lequel se raccommoda avec sa famille pour l'occasion. Rochefort reçut du prince une lettre, dont j'extrais ces lignes : « Si par hasard vous consentez à tirer les verrous protecteurs qui rend votre honorable personne deux fois inviolable, vous ne me trouverez ni dans un palais, ni dans un château ; j'habite tout bonnement, 59, rue d'Auteuil, et je vous promets que, si vous vous présentez on ne vous dira pas que je n'y suis pas. »

Au reçu de cette lettre, il y eut réunion de comité de la *Marseillaise,* dont Rochefort était le rédacteur en chef.

Il fut décidé par le comité, que Rochefort enverrait un délégué au prince, pour lui proposer ses témoins, lui laissant le choix des armes. Victor Noir, jeune homme de vingt ans, fut désigné pour porter, non la parole, mais la missive qu'il devait remettre entre les mains du prince. Ce même jour, 10 janvier, j'étais malade, mon second fils venait de naître. Naturellement, je n'ai pu sortir.

Dans l'après-midi, j'entendis une grande effervescence dans la rue, les marchands de journaux criaient : « La grande nouvelle du jour : assassinat de Victor Noir, par le prince Pierre Bonaparte. » La surexcitation était à son comble.

L'empire fondé par le crime et le guet-apens devait nécessairement suivre sa tradition.

Voici ce qui était arrivé. M. Ulrich de Fonvielle et Victor Noir, devant être témoins de Rochefort, se présentèrent chez le prince ; Pierre Bonaparte parut, M. de Fonvielle et Victor Noir tenaient leur chapeau à la main.

— Vous venez de la part de Rochefort ! dit brusquement le prince Pierre.

— Non, nous venons de la part de Paschal Grousset.

Pierre Bonaparte parut surpris, on lui tendait la lettre, il la prit, fit quelques pas vers la fenêtre et il la lut, il revint du côté de Victor Noir :

— J'ai provoqué M. Rochefort, parce qu'il est le porte-drapeau de la crapule. Quant à M. Grousset, je n'ai rien à lui répondre. Est-ce que vous êtes solidaire de ces charognes ?

— Nous sommes solidaires de nos amis, répondit Victor Noir.

Aussitôt une scène épouvantable se produisit : le prince Bonaparte s'avançait subitement d'un pas, et sans aucune provocation, donna de la main gauche un soufflet à Victor Noir, en même temps de la main droite, il tira de sa poche un revolver à 10 coups et fit feu à bout portant sur Victor Noir, lequel put sortir de la maison et s'affaissa inanimé à la porte de sortie.

Ulrich de Fonvielle, le reçut dans ses bras.

Cette nouvelle m'avait excitée ; je regrettais de ne pouvoir sortir pour savoir ce qui se passait, mais étant malade, je ne pouvais que lire les journaux, c'est ce que j'avais fait.

Les affaires de l'empire allaient de mal en pis. D'abord l'acquittement du prince Pierre Bonaparte, par la haute cour de Blois. La condamnation de Rochemont. Tous ces faits avaient excité au plus haut point l'opinion publique.

Le 19 janvier de la même année, se déclara la grève du Creusot, usine dont Schneider, président du corps législatif, était le directeur.

Pour la première fois on entendit parler du mécanicien Assy.

On avait apprit dans l'administration qu'il avait réorganisé la société de secours mutuel, de ce fait, il reçut son congé.

Il sortit, et tous ses camarades abandonnèrent les mines et le suivirent. *La grève était déclarée.*

Aussitôt on fit appel à la force armée pour protéger l'usine.

Pour la première fois aussi, B. Malon se fit connaître, comme correspondant de la Marseillaise. Ils furent poursuivis et arrêtés comme membres de l'Internationale des Travailleurs.

Il y eut beaucoup d'arrestations.

L'armée fit feu sur le peuple.

En février Mégy, mécanicien, fut surpris dans son lit avant l'heure officielle, étant sous le coup d'une arrestation, pour avoir pris part aux manifestations du 8, 9, 10 février ; un agent de police força la porte, Mégy, fort de son droit se défendit, il tira un coup de revolver et tua l'agent. Aussitôt il fut pris au collet, ligotté, et mis dans un fiacre, conduit rue de Jérusalem.

Le peuple approuva la conduite de Mégy.

Il avait choisi comme défenseur un jeune avocat nommé Protot, lequel fut arrêté rue de Prague, 6. Le commissaire de police Clément, tira un coup de pistolet en l'air, le bruit de l'arme attira l'attention du concierge, lequel ferma la porte cochère. Protot ne pouvant fuir, fut arrêté, baillonné et poussé dans un fiacre, conduit aussi à la préfecture de police.

Delescluse, rédacteur du *Réveil*, proclama que Mégy avait combattu et s'était sacrifié pour la liberté individuelle. L'approbation d'un tel homme suffisait !

Pour cet article, Delescluse fut accusé de complicité morale, et fut condamné à 13 mois de prison.

Au milieu de tous ces troubles, ma vie intérieure suivait son cours ordinaire, je m'occupais de mon cher petit garçon (lequel eut le malheur de naître dans une époque bien tourmentée).

Dans la maison où nous habitions, il arriva un malheur assez grand. (Le récit que je fais ici est nécessaire, et correspondra aux évènements futurs.)

Un soir nous vîmes une fumée très épaisse, sortir d'un appartement voisin, le locataire était absent, et la propriétaire de l'immeuble n'étant pas à Paris en ce moment, nous ne savions que faire, mon mari fit prévenir la police, voyant qu'elle ne se hâtait pas d'arriver, il résolut de donner une violente secousse, la porte céda, le courant d'air fit aussitôt briller la flamme, (c'était un incendie.) Enfin, la police et les pompiers arrivèrent, et le feu fut circonscrit ; l'immeuble ne fut pas endommagé, heureusement ! Mais après que le feu fut éteint, quel gâchis !...

Les flammes en léchant la muraille, avaient mis à nu des trous pratiqués de place en place, mon mari aperçut dans ces orifices des papiers noircis par le temps et la fumée, il tira les dits papiers, aussitôt il entendit un bruit métallique, il regarda : c'était des pièces d'or qui gisaient sur le plancher. Cela lui donna l'idée de dérouler les papiers salis. Quelle ne fut pas sa surprise, c'était des billets de 100 francs, roulés dans un morceau de journal sale ; il en trouva pour une valeur de 20 000 francs.

Le locataire était riche. Après le déblayage de la chambre incendiée, nous avons trouvé des fragments de billets et d'actions, desquels ont ne pouvait tirer aucun parti.

Nous envoyâmes un télégramme à Mlle L. cette personne était la propriétaire de l'immeuble, elle nous eut beaucoup de reconnaissance d'avoir par nos soins préservé sa maison.

Le lendemain, le locataire rentra chez lui, il fut très surpris de voir tout bouleversé dans son appartement ; on lui raconta que mon mari lui avait sauvé 20 000 francs de l'incendie, tant en papier qu'en monnaie, et que ces valeurs étaient déposées chez le commissaire du quartier, lequel avait remis à mon mari un reçu du dépôt. Lorsque ce monsieur apprit cela, il alla réclamer ses 20 000 francs, mais le commissaire ne voulut pas les lui donner. Le locataire fut obligé de venir quérir mon mari, auquel on remit les valeurs et l'argent contre le reçu, et il donna le tout à leur propriétaire, lequel ne dit pas même merci. Au retour, chemin faisant, ce monsieur entra chez un marchand de vin : il fit servir sur le comptoir un petit verre de cognac, de 15 centimes, qu'il offrit à mon mari, celui-ci, offensé de la manière de faire de ce monsieur, paya les 15 centimes, et partit, laissant cet homme, et le verre plein.

Nous n'avons jamais revu cet individu, dans la nuit suivante, il quitta la maison sans rien dire à personne et ne paya pas son loyer.

CHAPITRE XIII

M. Paul de Cassagnac écrivait dans son journal, la guerre est impérieusement réclamée par les intérêts de la France, et par les besoins de la dynastie.

Cette guerre, disait l'impératrice, c'est ma guerre !...

Chaque soir, des hommes en blouses blanches circulaient librement sur les boulevards, drapeau rouge en tête, et à la main, au bout d'un bâton, une lanterne carrée, garnie de papier transparent, sur chaque face était écrit en gros caractère : « A Berlin », et sur leur parcours, ils hurlaient : « Vive la guerre ! A Berlin ! A Berlin ! » sur l'air des lampions.

Tout cela donnait une grande inquiétude dans la population, le travail n'allait pas depuis longtemps, les gens fortunés quittaient Paris, les bourgeois de richesse moyenne s'en allaient en province, dans leur propriété ou dans leur famille.

Le peuple doit rester pour la défense de Paris, s'il ne meurt pas de misère avant d'être incorporé.

Le 6 juillet, la guerre était considérée comme certaine. Ce jour-là, M. de Persigny écrivait à l'empereur : « J'adresse à Sa Majesté, mes félicitations les plus ardentes à propos de la guerre.

Séance du 15 juin, M. E. Ollivier communiqua à la chambre, la dépêche suivante :

Dans la nuit du 13 au 14 juillet, les mesures militaires ont été prises en Prusse, à partir du 15 juillet, l'armée sera sur différents points de nos frontières, avec 100 ou 120000 hommes.

M. E. Ollivier osa dire qu'il entrait d'un cœur léger dans la voie de la guerre. Pauvre France ! confiée dans les mains de cet homme, fils d'un ancien proscrit, qui avait si bien dit : « Je serai le spectre du 2 décembre. » Ce même jour on vota un crédit de 150 000 000. La France n'avait plus qu'a combattre.

A partir de ce moment, l'empire laissa chanter la Marseillaise dans les rues de Paris.

Au palais on s'occupait des préparatifs de la guerre. Tous les serviteurs de l'empire, depuis le dernier des valets, jusqu'aux Eminences, étaient enthousiastes.

« Nous sommes prêts jusqu'aux boutons de guêtres, disaient-ils. »

« Sir, disait M. Rouher, grâce à vos soins, l'heure des périls a sonné ; l'heure de la victoire est proche. »

Le 22 juillet la guerre était officiellement déclarée.

Ce même jour, un député demanda au maréchal Lebœuf :

— Avez-vous muni l'armée de bonnes cartes pour la campagne ?

— Certainement, répondit cet imbécile ; j'ai la mienne sur moi, et dégainant son épée, il ajouta : la voilà !

Les affaires allaient se précipiter ; dans les premiers jours du mois d'août, notre propriétaire, mademoiselle

L. résolut de quitter Paris, et de passer quelques temps en province. Elle nous proposa de garder sa maison pendant son absence, elle reviendrait, disait-elle, lorsque Paris serait plus calme ; nous refusâmes, nous ne voulions pas d'une pareille responsabilité dans un moment aussi agité. Du reste, il était déjà question que le cas échéant on appellerait les anciens militaires à prendre les armes ; mon mari en était un.

Je suis allée chez ma mère, lui demander ce qu'il me fallait faire. Elle me conseilla de quitter la rue de la Glacière, et de me rapprocher d'elle. Justement, il y avait, rue de Lille, au 4me étage, un petit appartement à louer, dont les fenêtres donnaient en partie sur la rue de Beaune, juste en face où demeurait ma mère, nous avons pris cet appartement, et quelques jours après, nous sommes allés nous y installer.

Inutile de dire qu'il n'y avait plus de travail ; seules les usines métallurgiques et les fabriques d'équipements militaires étaient très occupées, telles que les maisons Cail & Cie, Godillot, à Paris, Schneider au Creusot, etc.

La maison Godillot (ce monsieur était ami de l'empereur) était une caserne, plutôt qu'une fabrique ; elle était située, rue Rochechouart. On y fabriquait l'équipement militaire, des vêtements, des chaussures. On y occupait des ouvriers de tous les corps de métier. C'était dans cette maison qu'on fabriquait les fameuses chaussures, dites godillots, dont nos mobiles, à la première étape, perdirent les semelles. (Depuis ce temps, pour désigner une mauvaise chaussure, le mot est devenu proverbial.)

Toute la France se préparait au combat.

A Paris, on ne voyait que soldats, revues, enfin toute l'agitation de circonstance. Il fallait bien mettre en branle les Français, et les disposer à se ruer sur leurs frères de misère.

Le 9 août, nous apprenons que nous venions de perdre trois batailles, malgré cela, les agents soldés par l'empire parcouraient les rues en criant à tue-tête : A Berlin. A Berlin ! Cela excitait le peuple, et amenait tous les jours des troubles.

Le 10 août, malgré Blanqui, il y eut une attaque contre le poste des pompiers de la Villette, Eude, Tridon et leurs amis s'emparèrent du poste et enlevèrent les armes.

Ce même jour, une France nouvelle se leva, celle des travailleurs parisiens, non cette lie chauvine, vivant d'aumones, non celle qu'on appelle piliers d'église, ou celle qui n'a de conviction politique que pour qui les paye, déclassés de tous les milieux, principaux agents recrutés par l'empire, pour former les émeutes.

Un certain nombre de citoyens convaincus, s'était donné rendez-vous à la Corderie (parmi eux il y avait plusieurs membres de l'Internationale). Ils se groupèrent et descendirent sur le boulevard, se dirigeant vers la place de la République (alors place du Château d'eau) ; chemin faisant, la colonne grossit à vue d'œil. Ils veulent barrer le passage à la horde d'agents provocateurs.

On crie : Vive la paix ! on chante le refrain de 1848

Les peuples sont pour nous des frères,
Et les tyrans des ennemis !

La colonne parcourait les boulevards extérieurs jusqu'à Belleville, criant : vive la République !

La plupart des citoyens furent arrêtés.

Comme nous étions sous le régime de l'état de siège, ils furent condamnés par le conseil de guerre, qui prononça quatre condamnations à mort (l'empire n'eut pas le temps de faire ces exécutions).

La peur de la révolution effrayait plus les Tuileries, que la guerre avec la Prusse ne le faisait. On expédia à Beauvais presque tous les détenus politiques de sainte Pélagie, en vagons cellulaires.

Pour parer la révolution, Mac-Mahon obéit et découvre la France.

Le 30 août au matin, l'armée était écrasée à Beaumont, pendant la nuit Mac-Mahon la conduit dans le creux de Sedan.

Le 31 août on sentait que quelque chose de terrible se passait. Le travail était absolument abandonné. Nous passions notre temps en quête de nouvelles, l'esprit de la population était hanté du désir bien naturel d'aller aux portes des mairies pour lire les dépêches, il y avait toujours une foule énorme qui stationnait. Les plus près se trouvant les plus favorisés lisaient les dépêches à haute voix, il était si difficile d'être au premier rang, il fallait se faufiler, ce que je fis plus d'une fois, ce jour-là, tout le monde était anxieux, tant de fois déjà nous avions été déçus.

Le peuple français est par nature très enthousiaste, il prend facilement ses rêves pour des réalités. Lorsque les dépêches étaient favorables, tout le monde était joyeux, le lendemain, si elles étaient laconiques, quelle tristesse peinte sur les visages !

Enfin ce fameux jour, le 31 août, duquel on espérait une victoire, arriva.

Le calme des Parisiens n'était qu'apparent, nous n'étions pas sans inquiétude. Nous savions qu'une grande bataille était livrée dans les Ardennes, nous en attendions le résultat avec résignation. Les nouvelles officieuses étaient assez rassurantes, mais les nouvelles officielles faisaient défaut.

Télégramme de l'agence Havas :

Bouillon, 31 août.

Un combat a commencé à Bazeille[1] à 9 heures du matin. Les Français ont pris trente pièces de canon.

Le premier septembre, rien de positif n'était encore connu à l'heure où ces dépêches parvenaient en France, tout était terminé, fini, non pour la France, mais pour la dynastie, tout était perdu, même l'honneur.

Le 2 septembre, pour la première fois dans cette campagne, Napoléon sortit son épée du fourreau, pour la remettre entre les mains du roi de Prusse.

L'armée est cernée par 200 000 Allemands.

On fit monter l'empereur dans une voiture découverte, pour le conduire prisonnier de guerre au Château de Beaumont.

Le samedi, 3 septembre, seulement, on apprit à Paris la nouvelle de la capitulation de Sedan, c'est-à-dire

---

[1] Voir bataille de Bazeille. Histoire de la Révolution, page 223, par Jules Clarétie.

deux jours après la fin de cet horrible drame, les députés eux-même l'ignoraient.

Un certain nombre de députés, plus ou moins dévoués à l'empire, songeaient à établir un gouvernement mixte. Quand à la politique à suivre, c'était la guerre, non pas pour la France, pour la patrie, mais pour reconstituer l'empire avec la régence.

Le peuple devenait perplexe, le bruit d'une défaite commençait à circuler peu à peu, on parlait de la capitulation.

Le 3 septembre, à la suite de la séance du jour, les députés proposèrent une séance de nuit.

Demeurant près du *Journal Officiel,* nous allâmes pendant la soirée dans la cour du journal pour avoir des nouvelles plus précises.

Nous vîmes affiché le télégramme suivant sur la porte :

Après d'héroïques efforts, l'armée a été refoulée dans Sedan. Elle à été obligée de capituler, l'empereur a été fait prisonnier, (ce n'est pas l'armée qui avait capitulé, c'est l'empereur.)

Il n'y avait donc plus de doute.

Séance de nuit, M. J. Favre: « Je demande la parole, pour le dépôt d'une proposition. Nons demandons à la chambre de bien vouloir prendre en considération la motion suivante:

Art. 1. Louis Bonaparte et sa dynastie, sont déclarés déchus des pouvoirs que la constitution leur avait conférés

Art. 2. Il sera nommé un gouvernement provisoire.

Art. 3. M. le général Trochu, est maintenu dans ses fonctions de gouverneur de la ville de Paris.

L'orateur descendit de la tribune. au milieu du silence glacial de l'assemblée.

Pas un ministre ne protesta. A la sortie de cette séance, qui dura jusqu'à deux heures du matin, J. Favre fut arrêté par une foule immense, demandant la déchéance : « Patience, répondit-il ; justice sera faite, comptez sur vos députés.

A bas la droite ! criait-on, la déchéance !

Toutes les précautions avaient été prises ; on fit dégager la foule du pont de la Concorde par des sergents de ville.

Sachant qu'il y avait séance de nuit, mon mari et moi, nous allâmes aux abords du corps législatif pour connaître au plus vite, la solution de ces tristes épopées.

La nuit était splendide, le ciel étoilé se reflétant dans les eaux de la Seine, donnait à ses rives un aspect fantatisque, cette foule immense, silencieuse, dans le calme de la nuit, avait quelque chose de mystérieux, les quais, la rue St-Dominique, le parlement étaient envahis de toutes parts, une émotion profonde régnait à la vue des députés, lesquels avaient l'air sinistre.

A la fin de la séance, nous eûmes connaissance que la proposition de la déchéance avait été déposée à la chambre, et que la proclamation devait être rendue publiquement, le même jour à midi, au parlement, où devait se réunir tous les députés.

Dans Paris, on avait pris quelques précautions, les grilles des Tuilleries, du Carrousel et du Louvre étaient fermées. Dans les casernes les troupes étaient consignées.

Sur les boulevards une foule de citoyens sans armes passaient en criant : « Vive la France ! La déchéance ! » Tout le monde était calme, en raison de la circonstance.

Boulevard Poissonnière, les sergents de ville occupant le poste Galiote, vis-à-vis du Gymnase, sans à propos, déchargèrent leurs revolvers et se ruèrent sur la foule innoffensive, il y eut beaucoup de victimes.

L'empire devait finir, comme il avait commencé !...

Comme la nuit était belle, nous allâmes dans le centre de la ville pour savoir ce qui se passait, il y avait beaucoup de monde dans les rues, mais le calme parfait régnait partout, sauf cette folie du poste, susnommé.

Nous rentrâmes assez tard dans la nuit.

Le 4 septembre, seule, je suis allée m'orienter pour avoir une place aussi près que possible du Palais Bourbon, à cet effet je quittai la maison à 10 heures du matin, il y avait déjà une foule assez nombreuse sur le Quai d'Orsay, les ponts, toutes les issues environnantes.

Je pus parvenir, en me glissant, près des grilles du Palais, désirant être au premier rang.

Je brûlais d'impatience de connaître le résultat définitif.

Les soldats et la Garde Nationale étaient déjà en ligne pour empêcher l'envahissement de la Chambre. Sur les 11 heures les gardes de Paris, des dragons, les agents de police, comme toujours très arrogants ne cessaient de dire leur éternel Circulez! circulez! d'une façon brutale, et d'un ton menaçant.

La journée était splendide ; les gardes de Paris étaient dans une attitude très calme, l'arme à la main, cependant ils semblaient anxieux, ils ne savaient trop, eux-mêmes, ce qui allait se passer.

Un bruit confus se répandait dans la foule, cette foule immense et sans arme, stationnant sur la place de la Concorde, sur les ponts, sur les quais, dans l'attente d'un grand et grave évènement.

Une compagnie de gardes nationaux criaient : La déchéance ! en faisant signe à d'autres gardes nationaux placés près du pont, de venir les rejoindre, ceux-ci hésitent, puis se mettent en marche. Les gardes municipaux, postés à l'entrée du pont et sur les quais, tirent aussitôt leurs sabres, pour empêcher le peuple d'avancer. L'émotion était à son comble, mon cœur battait à se rompre. Que va-t-il se passer, me disais-je, un massacre, sans doute, quelle horrible catastrophe se prépare ? Le sixième et le huitième bataillon de la Garde Nationale avançaient, malgré les sabres nus, prêts à tout. La foule immense se presse derrière la Garde Nationale, résolue et impatiente. Rien ne peut résister à ce flot humain. A la tête les gardes nationaux, les entraînaient et leur montraient l'exemple, étaient M. Edmond Adam, homme très connu et très estimé.

Les gardes municipaux n'osent frapper; d'un élan la foule se précipite, se trouve sur la place, aux pieds des

marches du corps législatif, elle est tumultueuse, ora-
geuse, irrésistible, gravissant les marches, en criant:
Ce n'est pas seulement la déchéance que nous voulons,
c'est la République... Des milliers de poitrines répétant
avec une ardeur et un transport incomparable: Vive la
France! Vive la République!

Ces cris s'élevant de toute part firent un effet magique sur la foule.

Un officier de cavalerie à la tête de son bataillon
sabre au clair, saluant la foule et criant : « Vive la
France! Vive la République de toute la force de ses
poumons, brandissant son sabre par trois fois en l'air,
le remit dans sa gaîne, tout son bataillon en fit
autant.

La Garde Nationale et le peuple vinrent leur serrer
la main bien fraternellement, ils semblaient heureux et
allégés de cet horrible cauchemar qui avait pesé pendant 20 ans sur la France.

QUATRIÈME PARTIE

CHAPITRE XIV

Proclamez la République ! criait-on aux députés.

M. Gambetta, sur le perron du palais, criait au peuple :

« Ce n'est pas ici que nous devons proclamer la République, mais à l'Hôtel de Ville, où nous allons nous rendre à l'instant. »

Malheureusement, ces hommes aimés du peuple n'ont pas compris ce peuple ; ils s'étaient servi de lui, comme d'un marche-pied pour monter au pouvoir, sans jamais essayer de comprendre le sentiment populaire, ni la nécessité du moment ; cela fut un grand malheur. Ils auraient pu faire de si grandes choses, s'ils avaient pénétré l'aspiration du peuple. Ils ont préféré l'abandonner après tous les sacrifices qu'il s'était imposés pendant la guerre. Le peuple, mais il n'a rien à perdre, lui ! disaient-ils. Quelle ironie !

Le peuple perd le meilleur de lui-même, il perd ses fils, sa fortune à lui ; qu'a-t-il à gagner à la guerre ? absolument rien. La France perd ses meilleurs soutiens, car ce sont les fils du peuple qui font sa richesse, puisqu'ils sont les producteurs.

Ce n'était pas sans une certaine appréhension que Gambetta fit la proposition d'aller à l'Hôtel de Ville.

Toute cette foule, sans distinction d'opinion, était

joyeuse : Allons à l'Hôtel de Ville, criait-elle, elle croyait avoir conquis le monde, elle oubliait même les défaites de la veille. Ce peuple était si convaincu qu'avec la République nous vaincrions la Prusse ; qu'il l'acclamait avec un incomparable transport.

Le chant de la Marseillaise, entonné par cette foule, était si puissant, qu'il aurait réveillé les plus endormis.

Les députés décidèrent qu'on nommerait cinq membres de l'assemblée pour une délégation à l'Hôtel de Ville. M. Garnier-Pagès les accompagna et les introduisit ; MM. Jules Favre, Emmanuel Arago, Ernest Picard, J. Simon, Gambetta s'étaient rendus directement à l'Hôtel de Ville.

M. Thiers avait ajouté quelques mots à la motion de M. Garnier-Pagès, pour inviter l'assemblée à composer avec la nécessité.

M. Grévy expose le but de la démarche, et remet à M. Jules Favre le projet de la loi votée.

« Français !

Le peuple a devancé la chambre qui hésitait. Pour sauver la patrie en danger, il a demandé la République. Il a mis ses représentants, non au pouvoir, mais au péril.

» La République a vaincu l'invasion en 1792, la République est proclamée.

» La révolution est faite au nom du droit et du salut public. Citoyens, veillez sur la cité qui vous est confiée, demain, vous serez avec l'armée, les vengeurs de la patrie. »

(Suivent les signatures.)

M. Jules Favre : « La nécessité du salut public a motivé la création immédiate du gouvernement de la défense nationale, composé de tous les députés de Paris. »

L'assemblée s'est ajournée à 8 heures du soir pour entendre les rapports des délégués.

Le général Trochu est chargé de pleins pouvoirs militaires, pour la défense nationale.

La proclamation de la République, ce rêve cher de mon enfance, allait donc enfin se réaliser, j'étais si heureuse.

La foule se dirigea vers l'Hôtel de Ville, les abords du Palais Bourbon se dégageaient petit à petit, tout le monde paraissait joyeux dans cet après midi ; seuls, les agents de police faisaient une triste figure, ils ne savaient plus que faire (ils avaient été tellement chauffés à blanc par l'empire). Ils n'ignoraient pas qu'ils étaient profondément détestés. A leur tour ils eurent peur. Quelques-uns ont crié : Vive la République ! L'enthousiasme était si grand, que le peuple était tout à la joie ; de-ci, de-là, il y eut quelques extravagances, mais ce fut peu de chose ; deux ou trois agents de police qui avaient des ennemis personnels, furent jetés à l'eau, dit-on, mais aucun ne périt. Les manifestations vengeresses que j'ai vues de mes yeux, se sont bornées à faire disparaître tous les emblêmes de l'empire. J'ai vu une troupe de gamins de Paris, qui, s'étant procuré instantanément des cordes et des échelles, se mirent en mesure de démonter l'aigle impérial, qui était au-dessus de l'imprimerie du *Journal Officiel.* Après beaucoup d'efforts pour le descendre, ils le mirent sur un brancard, en chantant le *Père et la mère Badinguet,* et ils sont allés le précipiter dans la Seine.

Comme tout le monde, je m'en suis allée, suivant les quais pour me rendre chez moi.

J'étais tellement exaltée et transportée de joie, que chemin faisant sur le trottoir du Quai Voltaire, je rencontre un monsieur, bien mis, avec un ruban à sa boutonnière, je m'imagine que c'est mon mari, je lui saute au cou avec un tel transport, l'embrassant et lui disant :

— Quel bonheur, nous avons la république !

Ce monsieur me regarda d'une façon étrange ; alors je revins à la raison, honteuse et confuse, je lui fais mes excuses.

— Il n'y a aucun mal, Madame, me dit-il ; si toutes les personnes étaient aussi convaincues que vous, la République serait un bienfait et le paradis sur la terre.

Arrivée au coin de ma rue, je laisse passer la foule qui se dirigeait vers l'Hôtel de Ville, et je suis rentrée chez moi. Je trouvai ma famille qui m'attendait avec impatience ; comme une folle, je rentre précipitamment, je les embrasse tous, à tour de rôle ; mon cher petit, me voyant si joyeuse, tapait avec ses deux petites mains, il riait de si bon cœur, le chéri, il ne comprenait pas pourquoi j'étais si joyeuse, il se réjouissait de confiance.

Nous prîmes quelque nourriture, après nous allâmes tous les trois voir ce qui se passait à l'Hôtel de Ville, nous avions emmené notre bébé avec nous.

Dans l'après-midi de ce beau jour, le peuple dans son transport de joie, alla ouvrir les portes des prisons, dès que la République fut proclamée. Tous les détenus étaient libres ; un grand nombre voulurent porter en triomphe Henri Rochefort jusqu'à l'Hôtel de Ville. Le peuple lui savait beaucoup de gré de la campagne, qu'il avait menée contre la famille impériale.

Le 5 septembre beaucoup de proscrits rentrèrent en France. Victor Hugo fut du nombre; lorsqu'il fut reconnu à la gare, il fut accueilli avec un transport incomparable, il eut une véritable ovation, le peuple voulait dételer les chevaux de sa voiture et le porter en triomphe.

Dès le lendemain, paraît-il, il se fit inscrire comme garde national dans son quartier, et son fusil sur l'épaule, il alla aux remparts.

Le lendemain la proclamation suivante fut publiée et affichée sur les murs de la ville de Paris :

« Au peuple allemand et à la démocratie allemande.

Socialistes !

Tu ne fais la guerre qu'à l'empereur, et point à la nation française a dit et répété ton gouvernement.

L'homme qui a déchaîné cette lutte fratricide, qui n'a pas su mourir et que tu tiens entre tes mains, n'existe plus pour nous. La France républicaine t'invite au nom de la justice à retirer tes armées, sinon il nous faudra combattre jusqu'au dernier homme, et verser à flots ton sang et le nôtre.

Par la voix de 30 000 000 d'êtres, animés du même

sentiment patriotique et révolutionnaire, nous le répétons, ce que nous déclarions à l'Europe coalisée en 1793 :

Le peuple français est l'ami et l'allié de tous les peuples libres. Il ne s'immisce point dans le gouvernement des autres nations. Il ne souffre pas que les autres nations s'immiscent dans le sien. Repasse le Rhin !

Sur les deux rives du fleuve disputé, Allemagne et France, tendons-nous la main. Oublions les crimes militaires que les despotes nous ont fait commettre, les uns contre les autres.

Proclamons la liberté, l'égalité, la fraternité des peuples.

Vive la République universelle !

Démocrates, socialistes d'Allemagne, qui, avant la déclaration de la guerre, avez protesté comme nous, en faveur de la paix ; les démocrates socialistes de France, sont sûrs que vous travaillez avec eux à l'extinction des haines internationales, au désarmement général et à l'harmonie économique.

Au nom des sociétés ouvrières et des sections françaises, de l'association internationale des travailleurs. »

(Charles Beslay. Brusne. Bachruch.)

CHAPITRE XV

Le 12 septembre, dans l'après-midi, mon mari vint me dire qu'il avait décidé de s'engager dans les Francs-Tireurs de la Loire. Le colonel Aronsohn, avait organisé un bataillon composé d'anciens militaires ; mon mari ayant fait partie de la Garde Impériale, fut accepté d'emblée, je savais aussi qu'il avait eu beaucoup de courage au combat, et qu'il avait le caractère essentiellement militaire ; puis il avait été parmi les vainqueurs de Crimée.

Loin de le décourager, je lui ai donné mon consentement de bon cœur, pour la défense de notre chère République.

J'aurais préféré que la guerre ne fût pas, mais puisque la fatalité nous obligeait de la subir, nous devions tout faire pour délivrer la France du joug de l'étranger.

Comme toujours, le malheur se complique.

Une semaine avant la fermeture des portes de la ville, une dame, gardienne d'un hôtel particulier de Faubourg St-Germain, reçoit un télégramme de ses maîtres, lesquels étaient en Angleterre ; on lui disait qu'il fallait qu'elle partît immédiatement. Elle demanda à ma mère si elle voulait lui rendre le service de garder son enfant pour quelques jours. Naturellement nous avons dit oui.

Peu de jours après, les portes de la ville étaient fermées, nous n'avons jamais revu cette dame, les évènements ayant tout bouleversé autour de nous. Nous avons donc gardé l'enfant. Nous avions une grande responsabilité ; mon fils avait alors huit mois et le petit garçon trois ans.

Le 21 septembre était l'anniversaire de la proclamation de la première République ; les esprits étaient agités, au souvenir de 1793, tout le monde voulait comme alors courir à la frontière.

Ce jour-là, mon mari fut vraiment heureux, tout lui semblait facile. Ma mère n'était pas contente, elle pensait que nous allions rester seules, et que nous avions deux enfants qu'il faudrait soigner ; « Et si le siège est de longue durée, disait-elle, comment ferons-nous ? »

Cela ne sera pas long, lui répondis-je ; avant peu les Prussiens auront quitté le territoire, les soldats des deux nations fraterniseront ; qu'importe aux Prussiens de recevoir l'argent de la République ou de l'empire. Nous sommes déjà débarrassés de ce dernier, c'est beaucoup, le reste s'arrangera. Je prenais mes rêves pour des réalités.

J'invoquais le souvenir de 1793 ; les républicains ont vaincu l'étranger, nous ferons de même !

Je n'étais ni effrayée, ni découragée. Je croyais tout possible.

Le 18 septembre il fallut partir, mon mari avait quitté la maison depuis deux jours, il était resté avec son bataillon, il vint nous dire adieu ; il avait le cœur bien gros lorsqu'il nous embrassa, il ne pouvait se séparer de son cher petit garçon, de grosses larmes lui coulaient sur les joues, il l'embrassa encore une fois, ainsi que ma mère et il partit. Il me demanda de l'accompagner jusqu'aux fortifications de la Barrière d'Italie. Ils allaient rejoindre l'armée de la Loire, de laquelle ils allaient faire partie.

Plusieurs autres corps francs étaient avec eux. Leur départ était vraiment imposant, le temps était magnifique, le chant de la Marseillaise, accompagné par la musique militaire, exaltait l'enthousiasme de tous ces braves, ils abandonnaient tout ce qui leur était cher ; ils faisaient volontairement le sacrifice de leur vie pour sauver la France.

Quel grand malheur, que nous n'ayons pas eu à notre tête des hommes capables et sans parti pris, n'ayant qu'un but, sauver la France de l'invasion étrangère. Si toute cette force vitale, animée des meilleures intentions et des plus purs sentiments avait été utilisée pour la défense nationale, les choses auraient tourné autrement.

Une foule immense les accompagnaient ; mais malgré nos chants, nous étions tristes et émus. Nous pensions : Combien reviendront-ils ? Et dans quelle situation se trouveront ceux qui auront échappé à la mort ?

Tous nous voulions dissimuler notre peine ; nous n'avions pas le droit d'affaiblir leur courage.

Quel que soit le résultat, défaite ou triomphe, ce dont nous étions absolument certains, c'est que tous ne reviendraient pas dans leur famille.

Arrivés aux fortifications, il fallut nous séparer, mon

mari m'embrassa et me recommanda chaleureusement notre cher petit et ma mère. Dans trois à quatre jours, tu auras de mes nouvelles, disait-il. Je compte sur ton courage et ta volonté.

Dans quelques jours nous en aurons fini avec la Prusse, nous rentrerons vainqueurs dans Paris.

Ils étaient convaincus que la République ferait ce que l'empire n'avait pas voulu, ou pas pu faire.

Le 20 septembre les portes de la ville de Paris étaient fermées, nous étions en état de siège. Le 21 nous étions cernés, l'armée prussienne nous entourait déjà dans un cercle de feu.

Lorsque je revins vers ma mère, je la trouvai en larmes, avec mon chéri dans ses bras, l'autre petit garçon, appuyé sur ses genoux ; elle avait moins confiance que moi dans l'issue prochaine de la guerre.

Le 28 septembre, nous connaissions l'affaire de Châtillon.

Paris était encore une fois contraint à la guerre. On organisa la Garde Nationale en trois bataillons diffé-rents : bataillon de marche, bataillon à la garde des bastions, bataillon sédentaire, pour la garde des quartiers.

Comme il n'y avait pas assez de vêtements pour équiper tout le monde, on organisa du travail dans les 20 arrondissements de Paris. Dans chaque mairie on fit distribuer des vareuses et des pantalons tout coupés, pour donner du travail aux femmes, dont les maris étaient aux remparts ou ailleurs.

Je me suis fait inscrire à la mairie du 7me arrondissement ; étant de ce quartier, on me donna une vareuse,
on la trouva bien, elle m'était payée 4 francs de façon,
mais on n'en distribuait que trois par semaine et par
personne, ce qui était juste, pour qu'il y eût un plus
grand nombre de personnes occupées. Cela me faisait
12 francs par semaine pour quatre ; enfin nous pouvions nous suffire, des milliers de personnes n'en
n'avaient pas tant. Les familles nombreuses, comment pouvaient-elles faire pour vivre ? Du reste ce
travail fut de peu de durée.

Cela ne pouvait satisfaire mon désir d'être utile à
ma patrie. Je ne pouvais résister au besoin absolu qui
m'envahissait, d'entrer dans la lutte.

D'une façon ou d'une autre, je veux être utile à
mon pays !

Dans le quartier, à nos heures libres, nous faisions
de la charpie pour les blessés.

Poussée par mon idée fixe, je résolus de m'informer
si je ne pourrais pas entrer dans une ambulance, si je
n'avais pas eu mon fils et ma mère, assurément je
serais partie avec mon mari dans l'armée de la Loire,
restant à Paris où je suis indispensable, je verrais
chaque jour mon cher petit et ma mère, ils ne seraient
pas abandonnés, parce que je servirais mon pays !

Ma mère s'occupait des enfants, je nourrissais mon
fils, mais je fus obligée de l'élever à la bouteille (dite
biberon), je pouvais donc facilement m'absenter de la
maison sans que rien en souffrît. Il nous restait environ 300 francs. Je pensais qu'en économisant, cela

suffirait aux besoins de ma petite famille. Le siège ne sera pas éternel, me disais-je. Je remis à ma mère cet argent, car n'ayant pas de grands besoins, il m'était inutile.

Ayant appris la fondation d'une ambulance aux Champs Elysées, je pris le parti de me présenter; malheureusement le service était au complet. Déçue j'écrivis une longue lettre au *Rappel* pour réclamer notre droit à l'égal des religieuses, de soigner nos blessés sur le champs de bataille.

A mon appel, je reçus une lettre du comité de la rue Feydeau, lequel faisait partie de la Convention Internationale de la Croix-Rouge.

J'ignorais absolument quelle était l'organisation de ce comité; ma lettre en main, je me rendis rue Feydeau où je fus bien accueillie, je dis le grand désir que j'avais d'être utile à ma patrie, je fus admise.

Nous assistions à des sortes de cours pratiques, où l'on nous enseignait comment on fait les premiers pansements, on nous faisait préparer les boîtes nécessaires pour le service ambulant, lesquelles devaient contenir les choses les plus indispensables.

On nous fit des cours théoriques sur la propreté et sur l'hygiène pour le lavage des plaies, enfin tout ce qui est de première nécessité en attendant le docteur, s'il se trouve sur un autre point; on nous apprit à rouler les bandes, à préparer la charpie, les épingles à agrafes, le fil et la soie cirée.

Après quelques semaines, nous étions au courant et aptes à entrer dans une ambulance de Paris, ou à suivre un régiment allant aux avant-postes ou aux remparts, puisque nous étions cernés, nous ne pouvions espérer aller plus loin qu'en reconnaissance. Si les Prussiens étaient refoulés, nous irions jusqu'au bout.

Lorsque l'on réorganisa la Garde Nationale, il était question de nous diriger dans les compagnies de secours aux blessés. Le général Trochu, d'abord, avait acquiescé à cette idée, tout était arrangé et convenu. On avait résolu de nous engager dans chaque section où il y avait un docteur, pour l'aider et le seconder dans son service.

Malheureusement le général changea d'idée, et il s'opposa à notre affiliation, disant que les religieuses avaient un caractère sacré, qu'ayant prononcé des vœux, elles étaient respectées de tout le monde ; qu'une ambulancière civile serait exposée à tous les inconvénients. Ce fut fini pour le comité de la rue Feydeau.

J'étais un peu désolée. Une dame du comité me remit une lettre pour le capitaine du Q... lequel demeurait dans la rue de Beaune, où habitait ma mère.

Je suis allée chez lui, et lui ai présenté ma lettre d'introduction, je lui ai exposé mon ardent désir de collaborer à l'œuvre d'humanité indispensable au terrible drame qui allait se dérouler. Il m'a demandé quelques jours pour répondre à ma requête, ne pouvant agir lui-même ; il devait soumettre ma proposition au colonel M. De G... Peu de jours après, je reçus une réponse qui comblait mes vœux, je fus admise à la 7me compagnie du 17me de la Garde Nationale, 7me secteur, où j'aurais l'occasion d'exercer mon dévouement. Toute heureuse, j'ai accepté. Ma mère était bien un peu fâchée.

Je n'ai pas de sots préjugés, lui dis-je, partout où je serai, je sais que je me ferai respecter (cela était vrai, j'ai été respectée). Voilà comment j'ai fait partie de la Garde Nationale.

Quelques jours après il y eut à l'Esplanade des Invalides une grande revue, j'y fus conviée et présentée officiellement au 17me bataillon, et à la septième compagnie, de laquelle je fis partie désormais. C'est ainsi que j'obtins un poste de combat.

A partir de ce jour j'ai fait mon devoir. Pour cela je n'ai jamais délaissé ni ma mère, ni les enfants. Notre vie était difficile, cependant je pensais que j'étais encore une favorisée du sort, je voyais tant de souffrances autour de moi, tant de pauvres enfants à demi vêtus, sans chaussures sur la terre humide et froide, allant au bois où l'on commençait à saper nos beaux arbres séculaires; on levait la cognée pour les abattre, ensuite on les mettait en lots de différentes dimensions. Les vrais miséreux allaient ramasser les brindilles pour se réchauffer, mais quel bois ? C'était affreux, nous étions près de l'hiver, le bois vert ne pouvait s'enflammer, il y avait dans les chambres une fumée atroce qui aveuglait, la respiration était haletante, lorsqu'il fallait faire cuire à manger, c'était épouvantable ; il n'y avait plus de charbon de bois, naturellement les ouvriers même aisés ne pouvaient pas faire de grandes provisions ; à Paris, c'est difficile,

et le vrai malheureux, celui qui va acheter deux sous
de braises chez le boulanger au jour le jour, ne pouvait
faire de provisions. Lorsque sur ce bois on faisait
cuire quelque aliment, le goût en était affreux.
On était vraiment plus heureux sur le pavé des rues
que dans l'intérieur des maisons. La misère commençait à se faire sentir, le prix des denrées alimentaires
augmentait dans des proportions énormes et inquié-
tantes.

Comme toujours et en toutes choses, les maladresses
se multiplièrent.

Lorsque les Prussiens s'approchèrent des environs
de Paris, on fit entrer dans la ville tous les habitants
des alentours, ce qui était très naturel, mais on aurait
dû les obliger à sacrifier leurs bêtes, quitte à leur
payer un prix raisonnable, et livrer immédiatement
leur chair à la consommation (comme cela était absolument logique, on fit le contraire).

Ils entrèrent donc dans Paris, suivis de tous leurs
bestiaux et de leurs basses-cours. Tout espace libre
était transformé en parc ; ici, un troupeau de moutons ;
là, dans les squares, des bœufs, des vaches ; en
d'autres lieux, des poules, des lapins, voire même des
ânes. Nous avions alors un concert magnifique, on
entendait de tous côtés des beuglements, des bêlements,
le chant du coq et les braiments des ânes ; à tous ces
cris divers se mêlaient la sonnerie du clairon, le bruit
du tambour, les chants patiotiques et tout ce tintamarre
était couvert de la voix formidable du canon.

Ces braves riverains avaient emmené toutes leurs

fournitures, on voyait défiler des chars de foin, de paille, diverses denrées. Mais, hélas ! pour tant de bouches et de becs, toutes ces provisions étaient insuffisantes et ne durèrent pas longtemps.

Qu'arriva-t-il ? Après avoir enlevé aux pauvres Parisiens le peu qui leur restait encore, ces braves paysans achetèrent chez les boulangers du pain qu'ils donnaient à leurs bêtes. Fatalement, le pain vint à manquer. Les mairies commencèrent à rationner les sacs de farine ; chaque boulanger ne devait posséder qu'un nombre très restreint de sacs de farine, en rapport avec sa clientèle, et chaque jour il devait rendre compte à la mairie du nombre de pains que dix sacs avaient produits, et de la farine à 50 grammes près. Ceci était obligatoire. Les animaux mangèrent le pain blanc et la population le pain, comment dirai-je ? le pain infect aux multiples couleurs.

Quelques jours plus tard, ce n'était pas du pain que l'on mangeait, c'était un amas de détritus auquel on donnait ce nom ; dans cette horrible mixture il y avait des brindilles de paille, du papier bleu à chandelle, il y avait des malpropretés impossibles, résultat : tout le monde toussait, c'était affreux. Cela faisait pitié d'entendre et de voir des vieillards, hommes et femmes courbés en deux, pris d'accès de toux, attendre en grelottant à la porte des boucheries et des boulangeries, des fillettes et des enfants encapuchonnés tant bien que mal, leurs petites mains enfouies dans des châles de laine au crochet mis en croix sur leur poitrine, pour se garantir de la froidure, sous la pluie battante, ou les pieds dans la neige, passant ainsi une grande partie de la nuit, dans l'attente de 50 grammes de viande de cheval, os compris, par personne. Et si on était en retard, on avait attendu ainsi pour rien, il fallait recommencer le jour suivant.

Je cite en passant une phrase assez étrange de M. de Goncourt dans son journal.

« 24 septembre il est vraiment ironique de voir les Parisiens se consulter devant les boîtes de fer blanc des marchands de comestibles et des épiceries cosmopolites. Enfin ils se décident à entrer, et sortent en portant sous leurs bras le boiled Mutton ou le boiled beef etc. Toutes ces conserves possibles et impossibles, de viandes, de légumes, de choses qu'on n'aurait jamais pensé devoir être la nourriture du Paris riche.

» 25 septembre. On a mangé les dernieres huîtres hier !... »

Quelle infamie messieurs, le Paris riche n'a plus d'huitres à manger ! Le Paris riche réduit aux conserves allimentaires, quelle ironie !... Quelle chose affreuse ; y pensez-vous ?

Le Paris pauvre ne s'extasiait pas devant les boutiques de comestibles, il n'en avait, ni le temps, ni le moyen, cela aurait été un luxe pour lui, il n'y songeait même pas.

Pendant que vous, Messieurs, vous devisiez chez Bréban et autres, lui, Jacques Bonhomme, allait aux remparts, souvent l'estomac creux: « Bah ! disait-il, je serrerai un peu plus mon ceinturon ; la patrie avant tout ». Si par malheur il avait bu un verre de vin, frelaté, qu'ayant froid et faim, il fût un peu plus gai que de coutume, on le traitait d'ivrogne, etc. Souvent il avait soupé d'un simple morceau de pain et de fromage, il passait ainsi la nuit, tout heureux du sacrifice qu'il s'imposait, espérant aider au salut de la France, sa seule ambition.

Pendant que lui, chair à canon gardant les remparts, rêvait au clair de lune la prochaine délivrance, le Paris riche, en vidant son verre de Champagne, pensait :

Jacques Bonhomme est un ivrogne, un paresseux, il est très content d'avoir l'occasion de se faire tuer, il aime mieux cela que de travailler.

Ces Messieurs croient en Dieu. Quelle étrange idée se font-ils du Dieu de bonté, le Père de tous les hommes !...

La plupart des gardes nationaux de notre bataillon étaient aguerris au maniement des armes, il y avait parmi eux plusieurs anciens officiers, et tous étaient chasseurs. La compagnie était composée presque toute de richards et de commerçants du quartier ; il y avait aussi deux ou trois petits patrons, plus pauvres que leurs ouvriers, ils n'étaient pas vus d'un très bon œil.

Il arrivait souvent des accidents, alors je prêtais mon concours.

Lorsque le général Trochu jugea à propos que le bataillon prit un rôle actif, on lui créa un service régulier.

Je me souviens du premier service lugubre que nous fîmes, ce fut lors de l'explosion de Javel, notre compagnie fut requise pour aider au déblaiement des décombres.

On battit le rappel dans le quartier; lorsque le service d'ambulance fut réuni, nous partîmes dans la direction de la rue de Grenelle pour nous rendre à Javel; lorsque nous arrivâmes sur le lieu du sinistre, c'était épouvantable, l'explosion avait été terrible, le sol était labouré en tous sens, une maison assez éloignée était absolument criblée, toutes les vitres brisées.

Les morts étaient nombreux. De la manufacture même, il ne restait que des pans de murs; sur le terrain à une distance assez éloignée, nous avons trouvé des débris de casseroles en cuivre auxquels il y avait encore adhérant, des lambeaux de chair. J'ai aidé à relever, non pas des êtres qui avaient vécu, mais des lambeaux informes de chair humaine, que l'on déposait ensuite dans de grandes boîtes, sortes de cercueils; ça et là, nous trouvions un bras, une jambe, une cervelle éclaffée sur des débris de pierre, c'était une bouillie on n'a pu rien reconstituer. Nous sommes restés à Javel plusieurs heures; notre tâche accomplie, nous sommes revenus bien tristes.

C'était la première fois que j'assistais à une chose aussi horrible; pendant plusieurs jours, ce spectacle affreux était toujours devant mes yeux. J'étais tellement impressionnée, je me demandais si vraiment j'aurais la force et le courage de continuer la tâche que j'avais voulu entreprendre. En réalité, je n'avais jamais été parmi les masses, ni comme famille, ni comme travailleuse, je n'ai jamais mis les pieds dans une usine, ni même dans un atelier. Pour mon premier pas dans la vie tumultueuse, cela me semblait bien sinistre. Pourtant, me disais-je, tu as désiré être utile, tu dois te soumettre, et faire ce que le devoir t'ordonne. J'ai donc résisté. J'ai accompli mon devoir jusqu'à la dernière heure, j'ai vu des drames affreux, mais moins écœurants.

Après ce triste spectacle j'étais heureuse de me retrouver avec ma famille; je revoyais mon cher petit ange, ses beaux yeux et son doux sourire me réconfortait, il me tendait ses petites mains si je lui apportais des petits riens, il était si content et si heureux; je partageais entre mon chéri et notre petit abandonné le peu que je possédais, j'avais pour un instant fait des heureux.

Chers petits, ils ne comprenaient pas la préface du drame affreux qui se déroulait; par instants, ils sentaient bien qu'il y avait un changement dans la manière dont on les soignait; plus de promenades régulières, une foule de choses manquait, entr'autres le lait, on osait à peine s'en servir. Je me souviens du chagrin de mon cher enfant lorsqu'il fallut l'habituer à boire à la bouteille, il acceptait encore à boire dans un verre, à ce moment là, nous avions encore du lait potable, quoi qu'additionné d'eau, mais quelques jours après, ce n'était pas du lait qu'on nous vendait, c'était un horrible mixture, composée de cervelle de ..., je n'ose le dire... de veau disait-on; mais puisqu'il n'y avait pas de veau? de cervelle de quoi, ou de qui cela pourrait-il bien être? Plus tard encore, on vendait un composé d'amidon et de quelque chose... je ne sais quoi; on débitait ce mélange comme du lait pure crême, naturellement; on le payait en raison de sa rareté et de sa qualité. Un jour mon cher petit se fâcha, il recracha son lait qu'il avait dans la bouche; je remarquai dans le fond de son verre un dépôt d'un blanc laiteux, il y avait de l'amidon et du plâtre, pas une goutte de lait n'était entrée dans cette affreuse composition, l'autre petit étant plus âgé buvait comme nous. De ce jour je n'ai plus voulu acheter de lait.

Que pouvais-je faire ?

Jusqu'alors l'enfant avait été assez gai, il prit une petite mine penchée, si triste; je me demandais parfois: A quoi songe-t-il ? Il avait un air rêveur, il toussotait un peu.

Je résolus de changer ma manière de faire, ne voulant pas l'empoisonner avec toutes ces drogues. J'ai fait cuire du gruau et au lieu de lui couper avec du lait, j'ai acheté une bouteille de vieux vin de Bordeaux je mettais un tiers de vin dans un verre, et j'ajoutais le gruau et du sucre, après quelques jours il toussait moins, puis je lui donnais un œuf frais à la coque chaque jour, lorsque le prix en était encore possible. Quelques jours plus tard j'ai dû les payer 1 franc la pièce; le beurre augmentait terriblement, la dernière livre que j'ai acheté avait coûté 6 francs (en décembre, il coûta 20 frans), je le conservais religieusement pour la soupe des enfants, j'en avais une livre, quelques jours après il était rance, il piquait à la gorge, j'ai dû le faire cuire. Donc plus de lait, plus d'œufs, plus de beurre. Que fallait-il faire ?

L'autre pauvre petit garçon eut une attaque de jaunisse, on me conseilla de lui faire cuire des carottes et d'en extraire le jus. C'est bon, me disait-on ; ma mère alla aux halles pour en acheter ; elles se vendaient 6 francs la livre (c'était de provenance des maraudeurs.) Quand on leur disait :

— Mais c'est fou de vendre si cher.

— Eh ! criaient-ils, est-ce que vous croyez qu'on va se faire casser la ... pour rien.

Ma mère revint du marché nous apportant trois carottes, quelques feuilles de choux qu'on n'aurait pas ramassées pour les lapins (j'ai jeté le paquet de choux il ne valait rien). Le tout 1 franc 50 centimes. Je préférais ne rien manger que d'acheter aux maraudeurs, ils me faisaient horreur. Le plus souvent c'étaient des gens sans aveu, sans dignité, qui pour un paquet de tabac, aurait vendu bêtement, inconsciemment leur pays. Le sucre, le café, le vin, le riz, toutes ces choses n'ont pas manqué, mais le sucre et le café étaient assez chers, le bon vin aussi très cher, le vin ordinaire, il n'en fallait pas parler ; seul le riz était assez bon marché, et il ne pouvait être frelaté. Chez nous, c'était à peu près la seule nourriture que nous mangions, nous la considérions comme la plus saine. Nous avons mangé du riz accommodé de toutes les façons ; en crêpe, c'était la meilleure et la plus agréable manière. Les enfants étaient si contents quand nous faisions des crêpes au riz ! Je m'en souviens encore. Fin novembre, il faisait si froid que nous étions obligés de laisser les enfants dans leur lit ; nous n'avions toujours que du bois vert, lorsque nous voulions faire du feu, la fumée était si épaisse dans les chambres qu'il nous fallait ouvrir portes et fenêtres, cela faisait mal, nous préférions ne pas faire de feu et les laisser couchés ; lorsque les enfants voyaient qu'on prenait la poèle pour faire des crêpes, c'était une joie sans égale. Mon cher petit tapait des mains, soufflait dans ses doigts pour me peindre son transport, il envoyait des baisers à n'en plus finir pour un morceau de crêpe.

Fin décembre, le beurre se vendait jusqu'à 28 francs la livre ; un beau chat 20 francs ; un gros lapin s'est vendu 45 francs au marché de Clichy, dit-on.

Dans le faubourg St-Germain il y avait au marché une boucherie canine et féline, là on vendait des gigots de chien à 6 francs la livre. En décembre les pommes de terre coûtaient 40 francs le décalitre, et quelles pommes de terre ! Toutes petites, celles qu'on prend pour les semailles.

Moi, j'étais une privilégiée, demeurant dans la maison d'un boulanger, la veille du rationnement des farines, il m'en avait vendu environ 10 kg. ; avec le riz, ce fut notre principale nourriture. Nous avions gardé la farine pour les enfants.

J'ai oublié de vous parler de cette horrible graisse qu'on nous vendait au morceau, comme des carrés de savon, je n'ai jamais rien vu de plus infect ; comme tout le monde, j'en ai acheté, mais une fois seulement, je voulus la faire fondre, l'odeur était tellement épouvantable qu'on se serait cru dans une fabrique de chandelles, lorsque le suif est en ébullition ; on me conseilla d'y ajouter une gousse d'ail pour purifier ma graisse.

Toute la nourriture devenait si répugnante, c'était presque un désespoir de penser à manger.

Pendant le siège je n'ai jamais mangé de pain. Je n'ai pas fait la queue à la porte des boucheries étant de service au bastion, je ne pouvais y aller. L'un des gardes de mon quartier qui étaient pour l'ordre à la porte des boucheries prenait ma carte et notre ration lui était remise. Comme nous avions deux enfants, cela nous donnait droit à trois rations, trois fois par semaine ; je laissais le bénéfice de la troisième ration à une famille plus nombreuse, nous avions donc 300 grammes de viande de cheval par semaine. C'était assez pour nous. Je n'en donnais pas aux enfants, nous ne tenions guère à la viande.

Je me souviens qu'un jour que je passais sur le boulevard Sébastopol, un homme, au coin d'un trottoir, étalait une grande toile sur laquelle il avait déposé une quantité de boîtes de conserves, aussitôt il se forma un grand cercle autour de lui, il fit un boniment de camelot. Chacun d'acheter de ces boîtes. Moi je fis de même, j'en ai acheté une assez grande qui me coûta 5 francs. Toute heureuse, je vins à la maison, je fis voir mon achat à ma mère, elle ouvrit la boîte, les enfants se réjouissaient, ils tapaient des mains (nous étions si fatigués de toute notre nourriture). La boîte ouverte, le contenu paraissait assez appétissant, nous en étalâmes sur une crêpe et nous la roulâmes, mon bébé en goûta, il fit une vilaine grimace et ne voulut pas continuer de manger ; l'autre petit y goûta et le trouva bon, je l'ai goûté à mon tour, le goût en était horrible. Je voulus jeter la boîte, le petit garçon s'est mis en colère, et il a beaucoup pleuré. Ce pâté était fait de chair de souris, on avait pas même retiré la peau, ce qui donnait un goût infect.

L'eau aussi nous a manqué pendant une dizaine de jours, on avait interdit de laver le linge à la Seine. En général les eaux de Paris ne sont pas bonnes, tout particulièrement les eaux de la Seine.

Le 10 novembre, on commença à abattre les arbres du Bois de Boulogne. Dans les mêmes jours on abattit l'éléphant du jardin d'acclimatation. La chair fut distribuée pour le service des ambulances et pour les bourgeois, probablement.

Le 21 octobre la France espérait encore son salut. Paris n'en doutait pas, il acceptait les privations, déjà assez dures, sans se plaindre ; s'il n'avait pas de pain, il trompait sa faim par des plaisirs bien innocents et peu coûteux.

Lire les journaux était devenu une nécessité pour tous ; les théâtres étaient autorisés, on jouait des pièces de circonstance. La poésie patriotique, les conférences, les chants nationaux prenaient le premier rang. Paris, quoique sans travail était très occupé, très affairé. L'âme parisienne est exclusivement poétique, les gavroches et tous les Parisiens, à quelque classe qu'ils appartiennent, écoutaient des vers, des hymnes nationaux, ils applaudissaient, puis jetaient leur obole pour les blessés. On quêtait aussi dans les théâtres, après la fin des représentations.

On fit des souscriptions depuis 10 centimes pour faire des canons; je me souviens d'avoir donné deux francs. Tout le monde y collaborait, les plus pauvres comme les plus riches, chaque mairie avait une liste à la disposition du public.

Nous lisons dans un journal :

A la mairie de Paris Etienne Arago vit un homme versant entre les mains du maire le prix de la fabrication d'un canon :

— Comment vous appelez-vous, lui demanda le maire.

Il répondit :

— Je suis riche, pour moi ce n'est rien. Qu'importe mon nom ! Mettez simplement : *un Français.*

Dans ces moments terribles je sentais dans ma poitrine la grande âme de ma patrie. J'étais heureuse, non pas des malheurs qui pesaient sur la France, mais je croyais à l'harmonie d'un sentiment national, humanitaire; je pensais que les questions et les divergences d'opinion s'effaceraient devant le danger éminent.

Ce peuple parisien est hâbleur, tapageur, étourdi, mais il ne manque pas de cœur, ni de courage, il n'est pas lâche !

La guerre rapprochera les classes, me disais-je. Tous ces hommes, après tout ne sont pas mauvais, ils ne le deviennent que faute de se comprendre. (La question économique disparaissait dans ces moment-là.)

De l'instruction, encore de l'instruction, l'ignorance est notre plus grande ennemie. Lorsque le peuple sera instruit à l'égal des classes dites supérieures, l'équilibre intellectuel et social s'établira. L'ignorance du peuple, seule, fait la force des classes dirigeantes.

25 octobre, combat héroïque du Bourget, pris et repris ; finalement vaincus nos défenseurs furent écrasés par le nombre des ennemis qui étaient bien organisés ; ils avaient une trentaine de pièces de canons.

Je crois utile de faire intervenir ici un fragment de la proclamation du général Trochu.

« Le pénible accident survenu au Bourget, par le fait d'une troupe qui, après avoir surpris l'ennemi, a manqué absolument de vigilance et s'est laissé surprendre à son tour.

» Dépêche officielle : on compte 34 officiers et 449 soldats tués. »

Cette déclaration a vivement affecté l'opinion publique.

Le général Trochu ne dit pas que nos soldats avaient été braves, et que, n'ayant en réalité que deux pièces de canon, ils ont été vaincus par le nombre.

Dans le fait, le général ne considérait l'affaire du Bourget, que comme une non valeur, parce qu'elle n'entrait pas dans son plan.

L'invraisemblable était l'absence de toutes communications avec le dehors. Depuis 40 jours personne n'avait de nouvelles de sa famille, nous avions pour prison les murs d'enceinte des fortifications de Paris ;

nous étions séparés de la France et du monde entier.

L'angoisse morale n'est pas moindre que le besoin matériel de l'alimentation journalière, assurément cette situation était plus cruelle encore. On commençait à voir le vilain côté de la guerre.

Au Panthéon il y avait une grande tribune au-dessus de laquelle il y avait un écusson, représentant le navire de la ville de Paris, surmonté d'un faisceau de drapeaux, au sommet un drapeau noir, dans les plis funèbres les noms de Strasbourg, Toul, Châteaudun, flottait au gré du vent en signe de deuil; au-dessus de l'estrade, une grande bande portant cette inscription: Citoyens, la patrie est en danger; enrôlements volontaires des gardes nationaux. Une foule immense gravissait les marches de la tribune, des hommes allant se faire inscrire, accompagnés de leurs femmes et de leurs enfants.

Les femmes étaient remplies de courage et engageaient leurs maris à prendre les armes pour la défense de la patrie, on sentait une force électrique qui se dégageait. De grandes et généreuses choses pouvaient être accomplies, ces multiples dévouements étaient dignes des temps les plus héroïques de notre histoire.

Malgré tout, le peuple avait pour mot d'ordre: soyons calmes devant l'ennemi, pas de désunion.

Cette confiance magnifique qui transporte les montagnes et fait accomplir des prodiges, le gouvernement de Paris ne la possédait pas. Dès le commencement du siège le gouvernement avait dit que la défense était une héroïque folie.

Le 10 novembre, la nouvelle de la victoire de Coulmiers avait donné du courage aux Parisiens, ils se battirent avec beaucoup d'énergie. Le 12, lorsque Saint-Cloud fut attaqué, on entendait le canon nuit et jour, sans discontinuer ; l'air était chargé de salpêtre.

Le 13, la délivrance d'Orléans fut affichée aux portes des mairies de Paris. Encore une lueur d'espoir.

Le service du 17me de la Garde Nationale, duquel je faisais partie, était au bastion, 61 ou 63, je ne me souviens pas exactement.

L'hiver, cette année-là, fut précoce et rigoureux, nous n'avions pas chaud aux remparts, nous avions pour nous réchauffer des braseros que nous étions obligés de laisser en dehors de nos campements, en plein air, car dans l'intérieur il était impossible de supporter le gaz qui se dégageait du coke. Pour faire cuire notre nourriture cela était assez difficile, nous étions obligés d'ouvrir une tranchée dans le sol, assez profonde, nous n'avions que du bois vert, lorsque notre soupe était faite elle sentait plus la fumée qu'autre chose. Souvent, malgré nos efforts, si un vent subit et inverse venait à souffler, notre feu s'éteignait et notre repas restait en plan ; on prenait gaiment la chose. « Demain nous aurons plus de chance, disions-nous. »

De 3 heures en 3 heures, les patrouilles faisaient leur ronde pour se rendre compte si tous étaient à leur poste, puis, c'était le relèvement de la sentinelle de service de notre camp, de 2 heures en 2 heures, enfin cela n'en finissait jamais. Nous entendions sans cesse le canon gronder ; très souvent au milieu de la nuit nous avions de fausses alertes.

Un jour j'avais un terrible mal de dents, je me mis trop près du brasero qu'on avait entré sous notre tente, pour la circonstance, j'étais si fatiguée que la chaleur m'endormit, cela m'avait rendue malade. Je ne sais ce qui est arrivé, mais le lendemain matin à l'aurore, je me suis éveillée et je fus toute surprlse de me trouver en plein air en dehors de la tente, couchée sur un lit improvisé, composé de fusils sur lesquels on avait mis de la paille et des couvertures dans lesquelles j'étais roulée. Il est probable que le gaz m'avait asphixiée, petit à petit, l'air m'a remise sans doute, et je me suis réveillée. On m'a réconfortée ; après cela j'allais mieux, mon malaise ne laissa pas de suite.

Sous la tente on avait tendu une toile pour me faire un refuge comme un rideau, pour que je pusse me reposer de temps en temps, lorsque c'était possible ; le repos pris pendant la guerre était rare ; à tout instant il y avait de fausses nouvelles, des alertes vraies ou feintes ; alors tous étaient sur pied. Je ne me déshabillais que rarement, lorsque j'allais chez moi, naturellement, malgré maillot et passe-montagne, j'avais bien froid, mais dès qu'on était en marche cela passait.

Le 28 novembre, proclamation du général Ducrot. Je n'en cite que le dernier fragment.

« Pour moi je suis bien résolu, j'en fais le serment devant la France entière ; je ne rentrerai dans Paris que mort ou victorieux, vous pourrez me voir tomber, mais vous ne me verrez pas reculer ; alors ne vous arrêtez pas, vengez-moi !

» En avant donc, en avant et que Dieu nous protège. »

Cette proclamation lue aux soldats, à la Garde Nationale remonta le courage de la population parisienne. Enfin l'heure désirée par la Garde Nationale va donc sonner. L'enthousiasme était à son comble, cette sortie depuis si longtemps attendue va donc s'opérer. Cette journée fut gaie, les préparatifs furent joyeux, perdre la vie n'était rien pour le peuple parisien, il ne comptait plus avec la mort, mais l'espoir de refouler l'ennemi, de dégager Paris, tout était là..

« La province, disions-nous alors, viendra en aide et nous pourrons encore sauver la France. Pourquoi pas ? Les soldats de la République l'ont bien fait en 93. Valons-nous moins qu'eux ? » J'avoue que j'ai partagé ce rêve.

Malheureusement, on n'osait qu'en tremblant prononcer ce mot de République. C'était ce mot magique qui avait sauvé la situation en 93. Si les hommes qui ont aidé à la chute de l'empire avaient voulu, ils auraient pu le prononcer ; ils auraient pu faire de grandes choses. Le courage et la bonne volonté ne peuvent pas toujours suffire.

Que peut-on contre la trahison, le mauvais vouloir et l'incapacité ? L'imprévoyance fut la moindre faute, de la défense nationale, tout le reste fut à l'avenant.

Pour ces raisons, la guerre a continué comme elle

avait commencé. Dès la proclamation du 4 septembre, on aurait dû changer de tactique, former de nouveaux cadres. Parler, c'est bien, mais agir, c'est mieux.

Les vieux généraux, à quelques exceptions près, n'avaient pas d'intérêts à mieux faire. On aurait dû mettre à la retraite tous ceux qu'on savait hostiles à la République, et surtout les suppôts de l'empire. C'est ce qu'on n'a pas fait.

Ce jour-là, vers les 10 heures du soir on battit le rappel dans la rue de Beaune, notre compagnie devait se joindre à notre bataillon, commandé par le colonel de G., qui était dans la rue du Bac, attendant les diverses compagnies. M. du Q., notre capitaine me dit :

— Nous allons aux avant postes ; s'il arrivait que vous fussiez tuée, la compagnie adopterait votre fils.

Je l'ai remercié pour l'éventualité.

— Pour moi, lui ai-je répondu, je suis fataliste, va où tu peux, mourir où tu dois.

Aussitôt que nous fûmes réunis, nous quittâmes la rue du Bac pour rallier les compagnies de marche, échelonnées le long de la Marne avec l'armée régulière, les mobiles, le 106 et le 116 de la Garde Nationale. On nous fit faire halte dans une prairie, non loin des postes avancés, les officiers firent mettre les fusils en faisceaux ; on voyait à quelque distance les mouvements des troupes prussiennes ; malgré le froid, on n'avait pas allumé de feux de bivouacs. Les fumeurs même devaient s'abstenir d'allumer leurs cigarettes. Quelques gardes nationaux pourtant, énervés de l'attente vaine, comme involontairement battirent le briquet, mais le capitaine, M. du Q. se fâcha, expliquant que le feu de la cigarette était un point lumineux qui pourrait attirer l'attention des sentinelles prussiennes et nous exposer au feu redoutable de nos ennemis. Soudain on entendit une grande rumeur, peu après nous apprîmes par un éclaireur que 100 000 Prussiens, Bavarois et Saxons, accourus de Versailles, venaient pour renforcer leur armée.

Nos canons faisaient rage, nos jeunes troupes étaient irrésistibles et forcèrent encore une fois l'ennemi à reculer ; nos soldats, l'arme au pied, baïonnettes aux fusils, étaient impatients, ils voulaient marcher en avant. Quelques instants plus tard le général Trochu passa dans nos rangs, nous félicita de notre bonne tenue, puis se dirigea du côté des avant-postes. Nous étions toujours dans l'attente d'un mouvement d'action.

Tout à coup nous reçûmes l'ordre de mettre l'arme au bras et de faire volte-face ; tout le monde était étonné, déçu.

Nous remîmes dans la voiture du docteur toutes les choses nécessaires pour les pansements, on me fit monter dans la voiture, et piteusement nous reprîmes le chemin de Paris ; nous étions consternés.

Voici ce qui était arrivé : les eaux de la Marne étaient montées à un niveau assez élevé, et surtout le général Ducrot avait oublié les ponts volants qui devaient servir pour traverser la Marne.

Le général Ducrot remit l'attaque au lendemain ; dans des cas pareils, le lendemain il est toujours trop tard, l'ennemi profite de toutes les circonstances.

Cette défaillance fut grave, néfaste même.

Cependant, le général n'était pas lâche, on le vit continuer la lutte avec acharnement, quoique blessé, il combattit bravement.

Le nombre des morts était considérable dans ces tristes et lugubres journées du 29 au 30 novembre.

1er décembre, proclamation du général Ducrot.

« Après deux journées de glorieux combats, je vous ai fait repasser la Marne, parce que j'étais convaincu que tous les efforts nouveaux, dans une direction où l'ennemi avait eu le temps de concentrer toutes ses forces et de préparer tous ses moyens d'action, seraient stériles.

» En nous obstinant dans cette voie, je sacrifiais inutilement des milliers de braves, et, loin de servir à la délivrance, je la compromettais sérieusement, je pouvais même vous conduire à un désastre irréparable.

» La lutte n'est suspendue que pour un instant, nous allons la reprendre avec résolution ; soyez donc prêts, complétez en hâte vos munitions, en vivres, et surtout élevez vos cœurs à la hauteur des sacrifices qu'exige la sainte cause pour laquelle nous ne devons pas hésiter à donner notre vie. »

Tous les efforts avaient donc échoué ? L'armée française avait perdu 6 030 hommes, dont 414 officiers, les Allemands plus encore, 10 000 cadavres des deux camps allaient être enfouis dans cette terre gelée. Et rien n'était changé dans la situation de Paris. Les blessés étaient nombreux.

Le général Ducrot rentra dans Paris, vivant, mais non victorieux.

Les deux principaux généraux de la défense de Paris furent assez légers, pour oublier l'un des ponts volants qui devaient maintenir notre succès, l'autre, le général Trochu oubliait de faire distribuer des couvertures aux soldats. Ces deux nuits du 29 et 30 novembre furent terribles, le froid était épouvantable, beaucoup moururent de congélation et des suites des blessures, agravées par le froid extrême qui sévissait.

Malgré le nombre incalculable d'ambulanciers depuis le 29, 30, 31 novembre, un rapport prussien daté du 5 décembre donnait avis au général Ducrot que de nombreux cadavres étaient restés sur le sol aux avant-postes, entre Paris et Champigny; on envoya une escorte de terrassiers pour les ensevelir. On en compta pas moins de 685. Tous ces corps furent placés dans les fossés par couches, et chaque couche reçut un lit de chaux. Les fosses comblées, une croix de bois noir fut plantée sur le tumulus; elle portait cette inscription:

Ici reposent
Six cent quatre-vingt-cinq
Soldats et officiers français tombés
sur le champ de bataille.
Ensevelis par les ambulances de la presse
Le 8 décembre 1870.

Je pense que depuis ce temps, on a dû élever un monument à leur mémoire.

Beaucoup parmi eux seront morts faute d'avoir été relevés à temps, une mort de ce genre doit être affreuse.

Voilà les merveilles de la guerre.

Le 6 décembre, le bruit circule de la défaite d'Orléans; la ville est réoccupée par l'armée allemande.

On ne sait pas qui croire, cela est-il vrai? cela n'est-il pas vrai? On passe sa vie alternativement entre le doute et l'espérance. En vérité on n'ose plus aller aux nouvelles. Les affiches commencent à être abandonnées, souvent elles démentent le soir ce qu'elles avaient annoncé le matin.

Le 9 décembre nous sommes aux remparts; il neige, le froid continue toujours avec plus de rigueur; le matin, j'ai quitté ma petite famille, mes pauvres petits sont bien malheureux, on ne peut faire de promenades par ce temps, les chéris ont froid à leurs petites mains et à leurs petits pieds, ce matin nous ne pouvions allumer de feu, tant le bois était vert et suintait d'humidité; ma mére aussi souffre du froid et du manque de nourriture, elle n'est plus jeune, elle a 62 ans. Elle est toujours très énergique et très courageuse, mais elle aussi tousse beaucoup, cela fait pitié, je suis inquiète, les enfants et les vieillards meurent chaque jour par centaines.

Je fais tous mes efforts pour adoucir leur sort, mes moyens sont hélas bien faibles, lorsque je suis aux remparts, ma pensée est vers eux.

Je suis aussi très inquiète de mon mari dont je n'ai pas reçu de nouvelles depuis son départ, est-il mort, est-il blessé ou prisonnier? Le peu de nouvelles que j'ai apprises c'est que les Prussiens ne font pas de quartier aux Francs-Tireurs.

Lorsque j'eus connaissance de la reprise d'Orléans j'étais très tourmentée. Jusqu'alors nous avions de l'éspérance, je voyais les choses moins sombres, mais, chaque jour nous apprenions de nouveaux désastres, de nouvelles défaites, toujours occasionnés par l'imprévoyance et l'impéritie du gouvernement et aussi des chefs de l'armée. C'était vraiment décourageant.

La misère et la mort augmentaient de jour en jour, tous les malheurs étaient accumulés sur la France ; dans les rues de Paris c'était affreux, on ne rencontrait que des gens à la figure pâle et fatiguée, si triste ; on ne pouvait faire un pas sans trouver sur son chemin un ou plusieurs convois funèbres ; on s'habituait tellement à voir la mort défiler devant soi, que cela semblait faire partie de la rue.

Comme je l'ai déjà dit, j'étais une privilégiée relativement, car malgré nos privations, il y en avait des milliers qui étaient plus malheureux que nous.

10 décembre, nouveaux placards, nouvelles incertitudes, nouveaux mensonges.

12 décembre, nous sommes aux bastions ; il a gelé toute la nuit, les remparts sont couverts de neige, le matin je remarque de la glace cristallisée sur les feuilles qui pendent des branches des arbres, en secouant légèrement ces tiges, de petites feuilles de cristal se détachent et tombent sur le sol sans se briser, elles ont gardé l'empreinte de la feuille sur laquelle elles s'étaient moulées, lorsqu'on y touche, elles se pulvérisent comme du verre.

Le 16 décembre, prise de Rouen. Le 20 décembre,

on a fait une levée en masse, il y a un grand mouvement dans la ville : équipement et départ des jeunes mobiles, nouvelle agitation, nouvelle illusion !

On prépare encore de la chair à canon !

24 décembre, on commence les baraques des boulevards ; ce pauvre Paris épuisé a encore besoin de se faire de fausses joies ; quel assemblage bizarre que ces pauvres petites bicoques, qui n'ont rien à leur étalage, elles n'ont pour hochets que des pantins articulés, caricaturant Bismark, de Moltke et l'empereur, en pains d'épices.

Cela nous va bien, vraiment ; pendant que nous donnons ces ridicules jouets à briser entre les mains de nos enfants, eux les autres, prennent nos fils pour les faire dévorer par le monstre insatiable, la guerre.

Plaisir d'un jour pour les uns,
Deuil éternel, pour les familles.

Le 25, jour de Noël, on m'a envoyé pour moi une livre de beurre et une demi-mesure de pommes de terre, C'est un présent princier. Je n'ai jamais pu savoir qui me l'a envoyé, un garde de ma compagnie, je suppose.

Aux avant-postes, le 22 décembre, le froid est terrible, les soldats, les pieds sur la terre gelée, souffrent horriblement, on ne compte pas moins de 900 morts de congélation.

Le jour de Noël, le froid était si rigoureux que plusieurs gardes nationaux sont morts aux remparts. Moi-même, le matin je suis sortie de ma casemate, j'avais si froid, je fus saisie ; les larmes me coulaient des yeux, elles gelèrent sur mes joues, je les détachais difficilement de mon visage.

Le 26, le froid continue toujours, le combustible manque, la nourriture est déplorable ; on coupe toujours les arbres des avenues du Bois de Boulogne. Aujourd'hui je suis libre de service, je vais au cimetière ; devant la porte il y a des files ininterrompues de corbillards ; les chevaux soufflent, les cochers battent la semelle en attendant leur tour d'entrer.

Les nerfs sont si tendus, notre malheur est si grand qu'on ne pleure plus les morts, on les enfouit, et l'on court reprendre son poste d'action ; allant vers d'autres hécatombes, telle est la vie à Paris.

Le peu de personnes qui ne font pas partie de la vie active se couchent à 7 heures du soir, et se lèvent à 9 heures du matin, il fait si froid dans les chambres, au lit, au moins on a plus chaud.

29 décembre. Pour la première fois, vraiment, on voit poindre sur tous les visages le découragement.

Le 30 le plateau d'Avron est abandonné ; l'idée de la capitulation commence a surgir dans tous les esprits.

Quoi ! avant que le dernier morceau soit mangé, est-ce possible ?...

C'était le commencement de la désespérance.

Le général Trochu, avec une armée de 500 000 hommes, qui n'ont manqué ni de courage ni de bravoure, d'une admirable endurance, aura sans une bataille décisive, sans rien d'intelligent, fait de cette défense la plus honteuse défense des temps historiques.

Ainsi finit l'année 1870. (L'Année terrible.) D'autres misères, des évènements plus cruels et plus affreux encore, allaient dériver de ceux-ci.

Nous passons nos jours et nos nuits à soigner nos enfants, nous multiplions nos efforts pour en faire des hommes. Il faut 20 ans pour faire un homme ! Notre œuvre à peine achevée, au nom de Dieu et de la Patrie, quelques ambitieux nous obligent à donner nos fils en pâture. Ils crient très haut : Respect à la famille ! mais que font-ils, eux, du respect de la vie humaine ?

Ils crient : Respect à la propriété ! le pillage et le vol sont les droits de la guerre !

Ils chantent sur tous les tons la grandeur, la bonté et la toute puissance de Dieu. Quel rôle ridicule lui font-il jouer à ce Dieu de bonté qui bénit le crime triomphant (les vaincus n'ont pas besoin de bénédictions.) Ce Dieu tout puissant qui ne peut empêcher tous ces massacres.

Maudits soient ceux qui ont inventé la guerre. Les héros de ces tristes épopées sont légions, ce sont nos fils, les inconnus.

Pourquoi cette excitation, cette haine imbécile qu'on entretient en tous pays, dans l'esprit des enfants et des hommes. Ne serait-il pas mieux que tous les peuples aient le sentiment de l'amour de leur semblable et qu'ils eussent le respect de la vie humaine ? Assurément tout irait mieux. Un jour viendra, je l'espère, où nous aurons une société mieux organisée.

En ce temps-là, il suffira d'avoir recours à l'arbitrage pour liquider les différends de peuple à peuple, de nations à nations. Alors, nous n'aurons plus besoin de la guerre! Le domaine scientifique est vaste; là, il sera facile de se couronner de gloire au profit de l'humanité toute entière.

Quand cet heureux temps viendra, nous toucherons au port, et nous serons prêts à atteindre l'idéal suprême, la paix universelle.

Qu'est-ce que la Patrie? C'est le coin de terre où l'on respire librement, où notre esprit se développe, où le soleil nous sourit. Ce sera dans un avenir plus ou moins lointain, la terre promise, où les mères pourront et sauront élever leurs fils sans crainte de les jeter en pâture à ce monstre infernal que l'on appelle la guerre.

CHAPITRE XVI

1er janvier 1871, quelle triste journée pour nous, dans la matinée je suis rentrée à la maison ; il faisait froid aux bastions ; ce qui était plus triste encore, chemin faisant, on rencontrait de pauvres femmes tellement affaiblies, qu'elles s'évanouissaient sur la voie publique, c'était navrant. Malgré assistance et dévouement, on ne pouvait parvenir à secourir toutes ces infortunées.

Ce jour-là, nous eûmes un petit moment assez heureux ; ma mère m'avait rarement une journée entière ; en cet honneur, elle nous fit des pommes de terre frites avec le présent que j'avais reçu pour le jour de Noël.

Les enfants étaient si contents, notre boulanger nous avait vendu un peu de grosse braise que nous mîmes dans notre petit fourneau à trois trous, le dessus en catelles bleues et blanches, fourneau dit parisien.

A la vue des pommes de terres dorées, les enfants dansaient de joie.

Ce jour-là, j'eus encore une surprise, on m'envoya un magnifique lapin, tout préparé à la sauce aux champignons, qui m'était offert par quelqu'un du faubourg St-Germain, je pense que c'était encore un M. de la compagnie.

Le soir du jour de l'an, nous avons bien dîné tous les quatre.

Nous pensions ma mère et moi, à toutes les horreurs que nous voyions tous les jours et à ce que je voyais dans mes sorties.

Nous pensions aussi à l'absent ; s'il vit, disions-nous, lui n'a peut-être pas à manger ; cela nous rendait malheureuses.

Notre lapin était énorme, j'eus la pensée de le partager et d'en donner la moitié, c'est-à-dire la part de l'absent, à une pauvre famille de mon quartier qui a été bien heureuse.

Quelques jours plus tard, j'ai appris que ce lapin était un chat qui avait été acheté au marché de St-Germain, qu'il avait coûté 20 francs ; l'acquéreur l'avait fait préparer pour lui, mais comme il aimait les chats, par sentimentalisme il ne put se décider à le manger, et me l'envoya par son domestique ; c'est la seule fois que j'ai mangé du chat, et je l'ai trouvé très bon. Plusieurs jours après les enfants me demandaient encore du bon pin pin, c'est-à-dire du bon lapin.

4 janvier, le mont Valérien fait un vacarme effroyable, de tous côtés on entend le bruit du canon ; comme au reste, on s'y fait ; on va, on vient sans peur du danger ! Dans les rues on ne peut circuler sans être obligé de se garer, à tout instant, des personnes sont tuées ou blessées en passant ; je me souviens qu'un matin en revenant des bastions, ayant obtenu quelques heures pour aller chez moi, je faillis être

atteinte dans la rue de Rennes, des obus éclataient en pleine rue.

Je n'eus que le temps de me jeter à terre, le long de la façade d'un magasin pour éviter les éclats.

Les rations diminuent, on n'a plus que trente trois centigrammes de viande de cheval, os compris, pour deux personnes et pour trois jours.

7 janvier. Auteuil ne fait plus partie de Paris.

Notre bastion est très exposé, les remparts sont couverts de débris, la terre autour de nous est complètement labourée, dans les maisons du chemin de ceinture faisant face aux tranchées, aux étages supérieurs des personnes sont tuées dans leurs lits, il ne fait pas bon habiter dans les maisons riveraines des fortifications, ni à un dernier étage.

A partir du 8 janvier nous sommes bombardés dans les règles ; tout autour des fortifications, le bruit de la canonnade est terrible. On dirait un volcan faisant irruption, un cyclone, un ouragan, tout ce qu'on peut rêver de plus affreux, l'horizon est rempli de fumée ; à travers cette fumée, on voit passer des langues de feu, et des fusées, des maisons brûlent, des coups de fusil retentissent, notre bastion, le 61ᵐᵉ, comme les autres devient intenable, malgré cela, nous resistons quelques jours encore. Il y a de la besogne aux remparts, les blessés et les morts abondent. On ne voit plus dans les rues que brancardiers et gardes nationaux se dirigeant du côté du Point du Jour. On va se rendre compte, il y a foule, on va là comme à une partie de plaisir. Les Parisiens, de quelque classe qu'ils soient, şont dehors, on peut dire que tout Paris assiste au bombardement.

Le 15 janvier, c'est plus effroyable que jamais, toutes les maisons tremblent, les plafonds s'effritent, la poussière tombe des murs; malgré la gelée et le vent glacial, il y a toujours une foule dehors du côté du Trocadéro. Saint-Cloud brûle, une grande quantité de maisons sont en flammes, à l'horizon du côté de Saint-Cloud. C'est affreux, mais horriblement beau.

19, Paris tout entier est dehors, dans l'attente, devant les portes des ambulances, des rangées de gens stationnent, des voitures, des civières arrivent, tout le monde se précipite; c'est un père, un fils, un mari, un frère que l'on cherche dans cette masse de blessés, chacun a quelqu'un à reconnaître dans cette mêlée, la foule est si nombreuse qu'on est obligé de mettre un cordon pour empêcher l'envahissement.

CHAPITRE XVII

22 janvier. Flourens devait aller proclamer la commune à l'Hôtel de Ville, le peuple ne pouvait admettre la capitulation. Vers midi, paraît-il, une délégation devait se présenter, mais je ne me trouvais pas là, ce n'est que plus tard que j'appris ce qui s'était passé.

Notre compagnie reçut l'ordre d'aller occuper l'avenue Victoria pour prêter éventuellement main forte au gouvernement contre les Bellevillois, car on avait répandu le bruit que les faubourgs allaient envahir l'Hôtel de Ville, et de là le faubourg St-Germain.

Notre colonel s'est refusé à faire ce service. « Nous resterons dans nos quartiers, si vraiment le peuple des faubourgs vient de ce côté nous défendrons nos maisons, voilà tout. Mais, disait-il, le peuple n'est pas encore ici, il crie plus qu'il ne fait de mal. » Et nos hommes restèrent chez eux.

Assurément, s'ils avaient été contre l'Hôtel de Ville, je ne les aurais pas accompagnés.

Il avait plu toute la journée ; vers le soir, il tombait une pluie fine, le pavé était gluant. Je voulus voir ce qui se passait, la place de l'Hôtel de Ville était triste et déserte, les lumières se reflétaient sur les pavés et les trottoirs, il y régnait un silence de mort. Flourens avait dit, paraît-il, qu'il reviendrait avec le peuple dans la soirée ; personne n'est venu, heureusement, car j'ai appris que la mobile et les Bretons ainsi que les différents corps occupaient toute l'avenue Victoria et tout le périmètre, mais pas visiblement. L'assistance publique était bondée de soldats, il en était ainsi de toutes les places publiques et les vastes cours et même les souterrains de l'Hôtel de Ville. Vraiment, si le peuple était venu, il aurait été massacré.

Je suis restée sur la place et ses environs, lorsque j'ai vu qu'il n'y avait rien, je suis rentrée chez moi. Le lendemain notre compagnie était très contente que tout se fût bien passé.

Le même jour défilent en débandade, sans musique, moroses, abattus, harassés, tout couverts de boue des soldats de toute arme et les compagnies de la Garde Nationale : «Eh bien ! vous ne chantez pas victoire ?» crient-ils, ils avaient encore le courage d'être ironiques.

Tout est fini, l'armée rentre ; des femmes anxieuses, assises sur un banc attendent, désespérées le retour de l'absent. Hélas ! combien attendent en vain.

Un grand nombre ne reviendront jamais, ils sont enfouis dans la terre glacée, sous la neige. La femme n'a plus même l'espérance. Les enfants ont froid et faim, la pauvre mère rentre seule au logis glacé et désert, elle ne peut plus compter que sur elle-même désormais. Que vont-ils devenir ?

Qu'est-ce que la patrie fera pour elle ?

23. Un silence de mort règne dans Paris, l'enthousiasme est tombé des visages, le rêve entrevu est évanoui, toutes les figures sont contractées par l'épou-

vante, les yeux n'ont plus leur éclat, quelle consternation !

On n'entend plus le canon vibrer ; cela produit une singulière sensation, ce bruit infernal était une seconde existence à laquelle nous nous étions habitués, et où nous puisions le courage et la force de résistance. Paris semble une ville terrifiée, préparant un suaire pour la France agonisante.

Le bruit de nos pas dans la rue, le son de notre voix, tout nous semble étrange, on se croit sourd, on écoute, puis rien ! C'est à rendre fou.

Le bruit du canon, c'était encore la vie, le mouvement, la continuation du rêve, l'espoir du lendemain.

Maintenant plus rien !... Que va-t-il se passer, qu'allons nous devenir ?

Le général Trochu a donné sa démission, le général Vinoy le remplace. Ce n'est pas un doux celui-là, ce n'est pas lui qui apportera le baume bienfaisant pour cicatriser la plaie vive de l'âme parisienne.

24. Saint Cloud brûle toujours ; toutes les maisons de la rive gauche sont endommagées, elles aussi portent de larges blessures ; les obus ont éclaté jusqu'au centre du boulevard Saint-Michel, je pense que les autres points autour de Paris n'ont pas été mieux traités.

26. La canonnade recommence plus fort que jamais et sans raison, les préliminaires de la paix étant commencés.

Pour faire les commissions il faut marcher à quatre pattes, longer les murs, et se coucher à plat, face contre terre pour éviter d'être tué. Dans une école de la rue Vaugirard quatre enfants ont été tués, leurs pauvres cervelles étaient éclaffées le long du mur dans la classe, et cinq autres ont été grièvement blessés. A l'hôpital de l'enfance (l'enfant Jésus) de pauvres petits malades ont été tués dans leurs lits.

27. Des femmes, des vieillards, des enfants sont tués en pleine rue en passant. Tout à coup le feu cesse, on n'entend plus la canonnade.

Le bruit de la capitulation se répand dans les rues, les femmes sont excitées. «Qu'on diminue encore notre ration, cela ne nous fait rien, mais plutôt mourir que de capituler» disaient-elles.

Décidément les généraux et les avocats n'ont pas fait le bonheur de la France. Elle se serait mieux défendue et sauvée elle même, ne fût-ce que par l'instinct de conservation.

Depuis Napoléon Ier jusqu'à nos jours, les coups de canon et les beaux discours n'ont fait que la plonger dans la misère et le deuil.

Dans la nuit du 27 au 28, à la nouvelle de l'entrée des Prussiens 50 000 gardes nationaux font battre le rappel, sonnent le tocsin, se rendent aux Champs-Elysées, prêts à défendre l'avenue contre l'ennemi. Peine inutile; c'est fini !...

CHAPITRE XVIII

Le 28 janvier je reçus un petit billet venant d'Orléans ainsi conçu. « Votre mari prisonnier, mais en sûreté, venez.

Chevrier, rue de Bourgogne. »

Je ne me souviens pas si ce billet me parvint par pigeon. Dès que je le reçus, je m'en fus chez le commandant G. et lui demandai conseil. Il m'engagea de partir pour Orléans.

Le 31 janvier et le 1ᵉʳ février les trains commençaient à circuler, il me fit obtenir deux laissez-passer, dont un en blanc pour que mon mari puisse revenir avec moi, cas échéant.

De Paris à Orléans le trajet était alors de quatre heures. Je me suis décidée à partir, mais il y avait encore bien des difficultés, d'abord les voies ferrées étaient entre les mains des Prussiens, et il fallait fai e une course assez longue pour arriver à la station. Je partis à pied du côté de l'avenue d'Italie jusqu'à Choisy-le-Roi, où je devais prendre mon train pour Orléans.

Inutile de dire que la brusquerie des Allemands m'exaspérait. Gardant la gare, des soldats à l'air rébarbatif et insolent nous firent passer deux par deux devant une table, un espèce de bureau improvisé, nous faisaient des questions dans un français plus ou moins clair, visitant nos laissez-passer, les signaient et nous faisaient entrer dans la salle d'attente, laquelle était très petite, cette station étant dans un village des environs de Paris ; puis ils fermèrent la porte à clé, comme si nous étions prisonniers ; là nous dûmes attendre assez longtemps pour partir, il y avait un désordre épouvantable ; à tout instant on avait des appels de départ, et finalement nous ne partîmes que deux heures plus tard. On nous entassa dans d'horribles vagons, le train se mit en marche. Nous étions nombreux, la plupart avaient l'air épuisé, souffrant, malheureux, certains étaient presque mourants.

Mon voisin de place était un pauvre homme, avec un petit bébé, âgé de quelques semaines, cet enfant et ce père faisaient pitié, il pleurait et j'osai lui demander son histoire, voici ce qu'il me raconta. Sa femme est morte en couche, il a soigné lui-même son pauvre petit comme il a pu, et il le conduit dans sa famille, dans un faubourg d'Orléans ; une fois là, avec de bons soins il pourra peut-être le sauver. Ce malheureux père nous raconte la mort de sa jeune femme, sa misère et tous les efforts qu'il a fait pour sauver son enfant, ce pauvre petit avait l'air d'un moribond.

Nous mîmes bien du temps de Paris à Etampes ; le train s'arrêtait à tout instant hors de propos. Dans une station où l'on fit halte, sans qu'on pût descendre de vagon, on vint nous offrir du pain et du lait, mais les Prussiens ne nous permirent pas d'acheter quoi que ce fût.

Ce pauvre homme n'avait plus rien à donner à son

cher petit, je suis allée supplier un des soldats de bien vouloir nous procurer du lait, et je lui remis 1 franc ; cet homme a refusé de faire la commission. Le pauvre père était fou de désespoir, il voyait son cher petit suffoqué par le besoin d'un aliment quelconque, le pauvre bébé avait sa petite langue desséchée, sa poitrine se soulevait péniblement, il râlait presque, et il se trouvait un homme du peuple, un simple soldat prussien qui refusait de procurer un peu de lait à un pauvre innocent, sans ordre, de son propre vouloir, cela après la signature de la capitulation. Voilà à quel point nos gouvernants arrivent à faire d'un homme une brute. Enfin nous continuâmes notre trajet jusqu'à Etampes, petite ville située à 60 kilomètres d'Orléans. A notre arrivée à cette place, on nous fit descendre de vagon ; nous pensions que nous serions un peu plus heureux, mais d'autres surprises désagréables nous étaient ménagées. On nous installa mal dans le buffet de la gare, ainsi que d'ordinaire, on nous enferma comme des prisonniers ; cependant on nous permit de nous procurer quelques aliments, du jambon à un prix assez élevé, du pain et du lait. Ils n'ont pas omis l'exploitation. J'ai acheté du lait et du pain, une personne avait une lampe à esprit de vin, j'ai fait bouilllir ce lait, lorsqu'il fut tiède, je le mis dans le biberon du pauvre petit que je pris sur mes genoux, je le fis boire, sa pauvre tête était ballante ; cependant il but avec avidité, nous lui avions fait un lit sur deux caisses, et il s'endormit. Ce pauvre père me remercia, et me dit : « Si vous saviez comme j'aime mon petit » et il pleurait le pauvre homme, cela faisait mal de l'entendre.

Nous pensions rester quelques heures à peine. Mais hélas! nous avions compté sans la malveillance des Prussiens ; nous avons passé la nuit entière dans une attente cruelle, il faisait froid, nous espérions d'un moment à l'autre notre départ. Le jour vint, nous recommençâmes à protester ; enfin on ouvrit les portes du buffet, on avertit qu'un train allait venir, tous de nous précipiter, puis impatients, nous nous approchâmes de la voie, les sentinelles nous faisaient déguerpir en frappant de la crosse de leur fusil sur le sol et criant: Furt! Furt! C'est ainsi que j'ai reçu sur les deux orteils un coup de crosse de fusil, dont je porte encore la marque ; au bout d'une demi-heure d'attente, aucun train ne venait, ils nous firent entrer de nouveau dans la salle et refermèrent la porte à clé. Ils nous ont fait faire ce trafic quatre fois, il semblait qu'ils cherchassent une occasion pour exercer la patience et augmenter la souffrance morale. Cela outrepassait les droits de la guerre ; que pouvait-on faire ? il n'y avait pas à résister! Une cinquième fois, à 6 heures de l'après midi, on nous fit sortir, nous attendîmes encore un bon moment, lorsqu'enfin nous vîmes à une certaine distance la locomotive qui se dirigeait sur nous; elle fit halte. Nous étions si fatigués, que nous nous réjouissions du départ. Mais horreur! c'était un train de marchandises ; les Prussiens nous annoncent qu'un autre train va suivre; cependant que ceux qui voulaient se contenter de ce train feraient bien d'en profiter, tous nous voulûmes partir, nous avions déjà été trompés, il vallait mieux partir au plus vite. On nous fit monter dans d'affreux vagons à bestiaux, d'une saleté répugnante, on nous entassait dans ces horribles compartiments où il n'y avait pas de sièges, nous dûmes rester debout.

Notre pauvre homme et son malheureux bébé étaient toujours avec nous, il s'est assis sur une petite caisse carrée, et toujours son cher fardeau entre les bras, ni mieux, ni pire, soufflant légèrement. Je lui donnai encore quelques gouttes de lait qu'il prit assez difficilement. Nous enveloppâmes d'un grand châle l'enfant pour qu'il n'eût pas froid, puis il s'endormit de nouveau.

Enfin pendant deux heures encore nous fûmes cahotés en tous sens, nous roulâmes ainsi, non pas jusqu'à Orléans, car il fallut s'arrêter à la station avant la ville; tout étant désorganisé depuis les combats à l'entour. Tout à coup, un sifflement aigu annonce notre arrivée ; nous espérions que nos tourments et nos vexations allaient finir, mais encore une illusion !...

Nous avions encore 3 kilomètres à faire à pied, toutes les lignes étaient interrompues, et il n'y avait pas de voiture. Lorsque nous descendîmes, je voulus aider le pauvre père à descendre de cet horrible vagon, le marche-pied étant très élevé, cela fut difficile, je pris l'enfant dans mes bras, il ne fit pas de mouvement, hélas! nous nous aperçûmes que le pauvre petit était mort; le malheureux père désespéré, gravissait son calvaire jusqu'au bout. Lorsqu'il comprit tout son malheur, sa surprise fut si grande qu'il ne prononça pas une parole, les yeux hagards, il enveloppa son cher cadavre et s'en alla dans la direction où il était attendu.

Voilà la guerre !!! Nous n'avons rien à envier au temps de la barbarie.

Si je raconte ce terrible voyage, je dois dire qu'à ce triste récit, s'ajoute pour moi une petite joie qui n'aurait eu nulle importance dans la vie ordinaire. Le premier pain que j'ai mangé à Etampes était si blanc, si beau et si bon (tout pur froment) qu'avant et après, je n'en ai jamais mangé de pareil. Le litre de lait que j'avais partagé avec ce malheureux petit être, était si crémeux ! Ce fut toutes mes folies gastronomiques pendant mon voyage, je ne les ai jamais oubliées.

A Orléans tout est bouleversé, les rues sont pleines de Prussiens, ils font un grand bruit, ils battent les pavés de leur longs sabres. Des sentinelles sont postées à toutes les maisons officielles ; des patrouilles se croisent en tous sens, enfin c'est une ville de guerre ! envahie par les vainqueurs, c'est tout dire.

J'ai beaucoup de peine à me frayer passage pour me rendre dans la rue de Bourgogne, il me faut traverser la ville, c'est difficile ; quoique fatiguée, j'avais hâte de savoir ce qu'il était advenu de mon mari ; j'étais anxieuse. La lettre que j'avais reçue ne disait rien. « Quelle nouvelle vais-je apprendre ? » me disais-je.

Enfin j'arrive chez mes anciens amis, M. et Mme Chevrier ; ils avaient un café, joli pour Orléans à cette époque ; je trouve la devanture fermée, comme à tous les autres magasins de la ville ; ordre officiel, à 5 heures du soir toutes les boutiques devaient avoir porte close ; pas de lumière dans les rues, cela donnait un singulier aspect, on marchait dans les ténèbres, la ville paraissait étrange. Derrière toutes les fenêtres, on voyait des silouhettes se mouvoir ; il y avait une très grande agitation.

Je frappai à la porte, une personne à l'intérieur me dit : « Qui est là ? » Je reconnus la voix, c'était M. Chevrier.

Je me nommai aussitôt, il m'ouvrit sa porte, ces braves amis m'embrassèrent, il y avait huit années que je ne les avais vus ; ils me firent signe de l'index posé sur les lèvres, pour me recommander le silence.

Toute la maison était pleine de soldats, ils avaient chez eux des officiers, il n'aurait pas été bon pour mon mari, que nous eussions commis une indiscrétion, tous les Allemands étaient furieux contre les francs-tireurs. qui leur avaient donné du fil à retordre.

Dans la salle, sur le billard, il y avait un lit préparé pour coucher, cela m'étonnait, les chefs choisissaient les chambres à leur convenance, s'en emparaient ; les habitants n'avaient qu'à se soumettre, c'était le cas de mes amis, ils couchaient donc sur le billard. A Paris nous avons été assiégés, mais la ville n'a pas été occupée par l'ennemi, j'ai remarqué la différence.

Mes amis me tranquillisèrent sur le sort de mon mari.

Demain, nous causerons mieux, pour ce soir, il faut manger et dormir.

Madame et moi, nous couchâmes sur le billard,

monsieur dormit dans un fauteuil. Dans la journée nos hôtes importuns iront à leur service, alors nous pourrons parler.

Le lendemain, lorsque les Prussiens furent sortis, Madame Chevrier me proposa d'aller, avec moi, trouver mon mari, lequel ne sortait qu'une fois par semaine.

— Mais où est-il ? lui demandai-je.

— Vous ne le devineriez jamais.

— Enfin, où est-il ?

— Au couvent.

(En effet l'idée ne me serait jamais venue d'aller le chercher au couvent.)

Lui-même vous racontera ce qui s'est passé, ici l'on ne peut parler librement de toutes ces choses.

Nous partîmes donc pour le couvent, lequel était situé dans une petite rue transversale, aboutissant au quai de la Loire. Dans cette rue mal pavée (comme toutes les rues de la ville, sauf les rues centrales), se trouvait le couvent, grand bâtiment très vieux, aux hautes murailles grises, salies par le temps ; au centre une porte immense et dans un panneau une petite porte grillée, qu'on ouvrait de l'intérieur lorsque quelqu'un sonnait. Au dessus du portail, il y avait le drapeau de la Convention de Genève, ou de la Croix-Rouge, au-dessous écrit en gros caractères : « *Ambulance allemande*. Nous étions arrivées, nous sonnâmes à la porte, on ouvrit ; Madame Ch. présenta sa carte, disant qui j'étais ; nous fûmes introduites au parloir.

Un moine nous parla très aimablement, m'expliqua qu'il fallait être discrète et très prudente, que le couvent était occupé militairement par l'armée prussienne. Il me dit aussi dans quelles circonstances les religieux avaient reçu mon mari, mais si jamais on savait qu'ils avaient aidé à sauver la vie à un franc-tireur, les Prussiens mettraient le feu au monastère.

Après ces explications, le moine s'en alla et fit venir mon mari au parloir. Inutile de dire combien celui-ci était heureux et content ; sa première question fut :

— Comment va le petit, il n'est pas mort, n'est-ce-pas ?

— Non lui répondis-je, il se porte bien.

Alors il m'embrassa avec effusion, et me remercia de lui annoncer cette heureuse nouvelle.

— J'avais si peur qu'il ne fût mort ! ici, on dit que tous les enfants meurent à Paris.

— Oui, c'est vrai, lui répondis-je, beaucoup de pauvres petits sont morts en effet, mais nous avons eu le bonheur que notre cher petit soit épargné, je l'ai soigné de mon mieux.

— Si tu savais, combien souvent j'ai pensé à vous trois, me dit-il. Où coucheras-tu ce soir ?

— Je ne sais, chez nos parents, peut-être, je ne peux coucher chez madame ; eux-mêmes couchent sur le billard, tous les habitants ont des soldats chez eux.

— Ne va pas chez nos parents, ce serait inutile ; c'est très embarassant. Attends ! je vais te présenter au supérieur, peut-être nous donnera-t-il une idée, un conseil.

Mon permis était de six jours, et comme j'avais perdu un temps effroyable en route, il ne me restait plus que quatre jours, après quoi il nous faudrait partir.

Le supérieur vint au parloir, mon mari me présenta, naturellement je remerciai le religieux de ce qu'il avait fait pour lui, car ni parents, ni amis n'ont voulu s'exposer pour lui sauver la vie.

Mon mari lui raconta mon embarras, disant que je ne savais où aller coucher, que je n'avais pas même la ressource d'un hôtel car on n'y logeait plus les étrangers. Le supérieur réfléchit un moment, puis il dit : « Mais Jean, (c'est ainsi qu'il appelait mon mari) je ferai mettre un second lit de fer, et madame pourra coucher là, si elle n'y voit pas d'inconvénient ; ce n'est pas un palais, c'est un abri que je vous offre de bon cœur. Le frère tourier vous apportera la nourriture ; nous avons d'excellent lait.

Je remerçiai le supérieur de l'hospitalité qu'il voulait bien m'offrir[1].

Alors je racontai devant le supérieur, ce que j'avais fait pendant le siège ; mon mari et lui étaient étonnés et m'en félicitèrent.

Je lui ai dit aussi que j'avais un laissez-passer en blanc pour mon mari. Très bien, me dit-il, l'affaire marchera toute seule. Ici, nous avons une ambulance française, mais les Prussiens ont mis *ambulance allemande*. Nous avons encore une salle où sont nos blessés français. Je vais m'entendre avec le docteur ; il donnera un certificat de sortie, sous le nom de Jean Renaud (nom de la famille de ma mère) on remplira le laissez-passer, et vous irez à la préfecture le faire

---

[1] Car ce n'était pas la règle du couvent de recevoir une dame ; mais, comme il le disait lui-même, pendant la guerre tout est possible.

viser au bureau du prince Frédéric-Charles, de cette façon vous pourrez partir ensemble. Il sortit et me salua.

Après cet entretien, j'ai accompagné mon amie jusque chez elle où j'ai soupé, et je suis revenue au couvent.

J'y suis restée quatre jours, je fus bien soignée ; en dehors des repas, le frère tourier m'apportait de bon lait à 10 heures du matin et à quatre heures de l'après-midi. Je ne l'ai jamais vu ; la porte de notre chambre donnait sur un vestibule sur une table, ce frère déposait ce qu'il m'apportait ; il frappait deux petits coups à la porte, je savais ce que cela voulait dire, mon mari m'ayant initiée.

Dans la soirée, mon mari me raconta comment il s'était évadé :

« J'ai été fait prisonnier à la reprise d'Orléans par l'armée prussienne, le 3 décembre ; je fus désarmé et enfermé dans la cathédrale, où il y avait déjà une grande quantité de soldats de tous les corps d'armée, l'église était remplie depuis l'entrée jusqu'au fond de la nef, nons étions tous pêle-mêle, jetés là, sans avoir même de paille pour nous reposer, recevant une nourriture presque nulle ; à travers la grille de pauvres femmes venaient en cachette nous passer du pain qu'elles cachaient sous leur tablier. Cet état de choses dura assez longtemps, chaque jours les officiers supérieurs venaient faire un choix et emmenaient leurs prisonniers, le troupeau diminuait petit à petit, enfin nous n'étions plus que six dans la cathédrale, tous francs-tireurs. Nous comprenions le sort qui nous était réservé. Mourir, pour mourir ! Il fallait tout risquer. Nous résolûmes de nous évader.

» Au fond de la cathédrale, il y a une petite porte basse donnant accès sur une grande place assez déserte ; une sentinelle montait sa fraction, se promenant d'un pas régulier de long en large ; elle était à son poste depuis peu, lorsqu'à une heure du matin environ, le premier prisonnier força la porte, sauta sur la sentinelle et la désarma ; pendant ce temps, à quatre nous nous sauvions

» Nous ne savons pas si les deux autres ont réussi à s'enfuir, je ne les ai jamais revus. Nous allâmes chacun de notre côté.

» Moi, je suis allé chez notre oncle Renaud, qui demeure toujours rue du Tabourg, dans la maison d'Agnès Sorel. Au milieu de la nuit je frappe à sa porte.

— Qui est là ? s'écria-t-il. Je lui dit mon prénom, il reconnut ma voix. Notre tante était épouvantée, elle avait une peur terrible que je restasse, les francs-tireurs étaient l'épouvante de la ville en raison des menaces de l'autorité prussienne, qui avait fait coller sur tous les murs de la ville des affiches ainsi libellées : « Quiconque recevra un franc-tireur sa » maison sera incendiée ! »

» Ton oncle est à peu près de ma taille, comme tu le sais ; il me donna de ses habits. Après, que devenir ? Aller ailleurs ? il n'y fallait pas songer. Toute la ville avait des soldats à héberger. L'oncle

m'avait donné un mot pour un prêtre de sa connaissance, qui peut-être pourrait m'être utile.

» Enfin, je suis dehors; je me demande de quel côté
tournera le vent. Je fais quelques pas dans la rue;
j'aperçois un prêtre qui passait, je l'accoste, je lui dit
la vérité et ma détresse. Un moment il hésite : « Votre
» cas est grave, enfin voulez-vous me suivre, je vais
» au couvent, (pénitencier de l'enfance) peut-être qu'il
» y aurait possibilité d'arranger les choses, il y a une
» ambulance prussienne maintenant; mais il y a encore
» les pensionnaires ordinaires de la communauté.

» Nous arrivâmes au couvent; mon compagnon me
fit entrer au parloir et il alla trouver le supérieur
auquel il expliqua ma situation; tous deux revinrent, le
supérieur me dit:

— Vous avez été un brave, vous n'hésiterez pas à
faire quoi que soit, nous manquons de personnel pour
faire le ravitaillement, voulez-vous nous aider à cette
corvée pour quelques jours seulement ? après nous
aviserons; acceptez-vous ?

— Oui, répondis-je ; je n'ai pas à hésiter. Mais si
j'allais être reconnu ?

— Vous ne le serez pas; on vous habillera en
charretier, savez-vous conduire ?

— Pas trop, mais j'y arriverai.

» Pendant quinze jours j'ai fait ce métier au nez et
à la barbe des Prussiens; plus d'une fois j'ai eu peur
d'être reconnu.

» Quand ces corvées furent finies, le supérieur me
demanda si j'avais un métier.

— Oui, lui ai-je répondu, je fais de la chaussure.

— Hé bien, voulez-vous nous être utile, voulez-vous être contre-maître à l'atelier de cordonnerie du pénitencier ?

» Depuis ce temps je suis resté ici, mes apprentis m'aiment beaucoup, j'ai fait mon possible pour adoucir leur sort, le supérieur m'a dit qu'ils n'avaient jamais si bien travaillé. Je ne leur ai jamais parlé de religion (ni pour, ni contre). Tu sais le reste. »

Au moment de notre départ du couvent, tous ces pauvres petits gamins sont venus nous dire adieu ; ils m'ont offert un magnifique bouquet que le supérieur leur avait permis de cueillir dans la serre ; plusieurs d'entre eux pleuraient, c'est ainsi que nous quittâmes le couvent.

La ville envahie était animée, il y avait au moins 200 000 hommes ; sur la place principale, autour de la statue équestre de Jeanne d'Arc des sentinelles prussiennes étaient en faction, elles semblaient se mettre sous l'égide de la pucelle d'Orléans. Heureusement que le bronze est insensible, sans quoi la pauvre Jeanne aurait tressailli sur son pied d'estal.

Toute la place était occupée militairement, partout il y avait des campements, un tintamarre épouvantable, une grande quantité d'officiers en brillants uniformes, sur lesquels le soleil se reflétait ; toutes les rues étaient également encombrées, on rencontrait peu d'habitants, ils étaient terrorisés. La ville était rançonnée de 30 000 francs par jour.

Le prince Frédéric-Charles avait établi son quartier

général et son état-major à la préfecture. M. Peirera préfet depuis le 4 septembre, (républicain convaincu, homme très estimé) était retenu prisonnier dans une des salles, le prince le traita avec la dernière rigueur, il exigea de lui les renseignements nécessaires à la gestion de la ville, et comme cet employé s'obstinait dans son mutisme, le prince le menaçait de son revolver. M. Peirera fut stoïque, mais il tomba malade, on lui refusa l'assistance de sa famille et il ne fut libéré qu'après l'évacuation de la ville par l'armée prussienne.

Peu de temps après ces évènements, M. Peirera mourut; la population entière lui a fait des funérailles magnifiques.

Je me présentai donc au bureau de la préfecture pour faire viser mon laissez-passer, puis nous fîmes nos adieux à nos amis et nous quittâmes Orléans. Les voies étaient rétablies et nous pûmes revenir en meilleures conditions, et à l'heure réglementaire nous entrions en gare de Paris.

Lorsque nous arrivâmes à la maison il y eut une grande joie, notre cher fils tendait ses petits bras vers nous, son papa était heureux de le retrouver sain et sauf. Ma mère partageait notre joie et nous la remerciâmes de m'avoir aidée dans ma tâche, sans elle je n'aurais pu prendre une part active dans la guerre.

Naturellement, tout était à la dérive à Paris ; pas de travail, la misère devenait de plus en plus cruelle et meurtrière.

Je continuai mon service comme par le passé.

Notre compagnie était assez souvent de service à la

cour des comptes, et en plusieurs lieux officiels de l'arrondissement.

Le 11 février Paris commençait à avoir à manger, mais il n'y avait ni travail, ni argent; les 1 franc 50 ct. de chaque garde national n'allaient pas loin, plus 0,75 centimes pour sa compagne, s'ils avaient eu la veine d'être légalement mariés, (en un mot s'ils étaient des gens moraux). Pour les enfants, quelle idée !!! Pour toute la famille ils avaient 2 francs 25 ct. quelque fût le nombre des membres. Mais les autres pauvres diablesses qui avaient donné librement, honnêtement leur cœur et leur affection, elles n'avaient aucun droit, ni pour elles, ni pour leurs enfants ; donc 1 franc 50 ct., pour toute la nichée. Les petits bâtards avaient les miettes du festin. Pauvres enfants, ils n'avaient pas demandé à naître. Et nous étions en République !...

Oh Patrie ! qu'as-tu fait de tes enfants ! Telle était l'humanité de ceux qui t'ont conduite à l'abîme !

Le ravitaillement était un nouveau supplice pour ces pauvres deshérités ; ils ne pouvaient, devant ces étalages de légumes et d'autres provisions, que risquer un regard d'envie ; ils avaient eu si faim !

Le 26 février, les comités républicains et quelques membres de l'Internationale des Travailleurs avaient fait un appel à tous les régiments de la Garde Nationale de tous les quartiers.

Tous ceux qui voulaient sauver la République devaient se réunir place de la Bastille, autour de la Colonne de Juillet, ayant pour insigne un ruban rouge à la boutonnière, pour se compter, se reconnaître et se lever en masse pour courir sus à l'ennemi ; par ce procédé en 1793 le peuple avait sauvé la France de l'invasion étrangère.

Nous ne désirions pas la guerre, mais lorsqu'on est attaqué, il faut se défendre.

Ce jour-là il m'arriva une histoire assez désagréable.

Notre bataillon avait reçu un appel pour aller au rendez-vous. Le faubourg St-Germain, surtout, le 7me arrondissement n'était pas très content, il ne voulait pas se commettre avec toute la populace des faubourgs.

Le matin de ce même jour nous reçûmes l'ordre de nous réunir à la Cour des Comptes ; j'y suis allée avec ma compagnie. Cependant les chefs laissèrent chacun libre d'agir selon son gré.

Notre capitaine, M. du Q., s'était muni de petits rubans rouges et de petits rubans bleus, il en fit la distribution, lorsque ce fut mon tour, il voulut mettre à ma boutonnière un ruban bleu que je refusai, il parut très étonné, il me demanda pourquoi je ne voulais pas porter ce ruban, je lui répondis qu'étant républicaine, si je voulais faire un choix, je prendrais le ruban rouge, mais que je considérais les insignes de nulle importance, que ce n'était pas la preuve de convictions. Mon capitaine était surpris de mes réflexions, il était même très fâché : « Mon capitaine » lui ai-je dit, si vous insistez, je quitterai la compagnie.

Il me répondit que je n'avais pas le droit de le faire, qu'on pouvait me forcer. J'ai quitté ma compagnie, et je n'y suis jamais retournée. Ainsi finirent mes relations avec la 7me compagnie du 17me. On ne s'est plus occupé de moi, pour le moment du moins, et moi je ne me suis plus inquiétée d'eux.

Je suis allée seule à la manifestation de la Bastille, il y avait une foule immense, très excitée, on ne voulait plus entendre parler des hommes inconscients ou criminels du 4 septembre ; tous étaient convaincus qu'avec un peu d'efforts et de bonne volonté on pourrait encore sauver la France en proclamant la Commune. Moi aussi je croyais à ce rêve ! (Il était trop tard.)

Cette manifestation était imposante et grandiose, au sommet de la colonne on avait hissé dans la main du génie de la liberté un drapeau rouge ; tout autour de la colonne, en spirale, on avait fait un mélange de drapeaux tricolores, munis de nœuds de crêpe noir entre-mêlés d'immenses couronnes d'immortelles, apportées aux victimes de la tyrannie.

Hélas ! nous étions condamnés à l'impuissance, le lendemain ressemblait à la veille.

A quelques jours de là, mon mari fit la rencontre d'un certain nombre de francs-tireurs qui avaient été avec lui dans l'armée de la Loire ; ils étaient tous furieux de la conduite du colonel Aronsohn. Voici ce qui était arrivé : Ce monsieur avait reçu une somme assez importante du gouvernement pour former des compagnies de francs-tireurs, ils furent équipés et chacun d'eux devaient toucher 3 francs par jour pour leurs besoins journaliers ; les Corps-Francs étant des volontaires, ne touchaient pas de vivres comme l'armée régulière ; tout était convenu, réglé, engagement signé ; ils partirent donc rejoindre d'autres colonnes dans la direction de l'armée de la Loire. Le jour de leur départ ils reçurent leur solde. Mais ce fut tout. Une fois séparés de Paris ils ne reçurent plus rien, et leur chef avait disparu, après trois ou quatre jours ces braves défenseurs n'avaient plus d'argent et pas de vivres. Que fallait-il faire ? C'était épouvantable, souvent ils sont restés sans manger; s'ils demandaient quelque nourriture aux paysans, ces derniers les exploitaient d'une manière atroce, ces campagnards étaient lâches, ils vendaient à prix d'or la moindre chose aux francs-tireurs, et par terreur ils donnaient tout ce qu'ils avaient aux Prussiens. Un paysan a demandé à un franc-tireur de ma connaissance, qui avait abandonné sa famille pour défendre son pays, la somme de 1 fr. pour un verre d'eau.

Ils ont eu froid et faim, leur misère était grande; lorsqu'ils se trouvèrent sur les bords de la Loire, heureusement ils se rallièrent aux volontaires de Garibaldi. Toute personne ayant lu l'histoire connaît avec quelle endurance et quel courage les francs-tireurs luttèrent, sans trêve, à Chateaudun, Coulmiers, Patay, Artenay et à Orléans pendant la guerre de 1870; fatalement ils ont été forcés de prendre pour vivre ce qu'on leur refusait, même avec de l'argent à la main. (Il faut manger.)

S'étant trouvés une trentaine, ils ont formés un comité; ils résolurent d'aller chez M, Aronsohn tous ensemble pour lui demander des comptes; un d'entre-eux fut délégué pour prendre la parole au nom de tous, lis choisirent un avocat. Mon mari me demanda si je

voulais l'y accompagner, j'y consentis et nous partîmes
Ce monsieur demeurait rue Tiquetonne, je crois, près
des Halles. Nous arrivons à la porte extérieure, le
délégué monta à l'appartement, tous attendaient au bas
du perron, dans la rue. Ce fut madame Aronsohn qui vint
ouvrir, elle reçut le délégué, qui fit part du but de sa
visite ; comme l'entretien se prolongeait, ceux qui
étaient dehors s'impatientaient et commençaient à
murmurer, cette dame entendit, elle vint elle-même se
présenter en pleurant, accompagnée de ses trois enfants,
disant qu'elle n'avait jamais revu son mari, elle faisait
pitié à voir, tant elle était effrayée. Voyant cette
pauvre femme dans cet état, nous nous éloignâmes et
la laissâmes tranquille.

Jamais on n'a su ce que ce monsieur est devenu, ni
ce qu'il a fait de l'argent qu'il avait reçu. Ainsi finit
cette lamentable histoire.

Le 3 mars par un brillant soleil, les Prussiens firent
leur entrée dans Paris.

CHAPITRE XIX

Le 11 mars de nouveaux malheurs vinrent assaillir notre demeure. Depuis quelques jours notre cher petit ange devenait triste, il supportait péniblement sa tête, il toussait légèrement, cependant il avait gardé ses jolies couleurs roses ; à la tombée de la nuit il paraissait plus oppressé, j'eus l'idée de lui faire prendre un lait de poule, il le prit avec assez de difficulté, je crois que j'ai eu tort de l'engager à prendre cette boisson, c'est un de mes regrets ; son oppression augmentait, je fus inquiète, mon mari étant absent, je descendis nos étages pour qu'il vînt près de notre cher petit, je l'aperçus chez le marchand de vin du coin de la rue de Lille et de la rue de Beaune. J'insiste pour qu'il monte avec moi, je lui dis que le petit me semble très malade, il ne voulait pas me croire, l'ayant quitté peu de temps avant, assez bien portant ; enfin assez fâché, il me suivit ; lorsque nous fûmes dans la chambre j'allai près de mon cher petit pour voir s'il était endormi, il ne dormait pas, il avait le visage du côté du mur et ses yeux tournaient sans cesse, il avait l'air d'étouffer, je lui parlai, il ne me reconnaissait pas, je le pris dans mes bras, je lui mis un peu de sel dans la bouche, il avait les dents serrées ; j'étais désolée, un moment il sembla s'assoupir, la nuit se passa ainsi, à l'aurore mon cher petit était bien changé, il était congestionné, les yeux et les membres tournés en tous sens, il avait des convulsions; depuis la veille il ne nous avait donné aucun signe pouvant nous prouver qu'il nous avait reconnus. Le 12, un dimanche, je cours chez plusieurs médecins, aucun n'est à la maison. J'envoie mon mari chez le docteur de ma compagnie qui demeurait rue de Beaune; il sonne trois ou quatre fois, enfin une servante vient ouvrir et dit : « Monsieur ne reçoit pas aujourd'hui, du reste il est malade » mon mari insiste et prie la servante de lui dire que c'est mon fils qui est malade, qu'il a des convulsions, il suplie qu'on lui dise ce qu'il faut faire. La servante fait la commission, le docteur me fait dire que pour les convulsions il n'y a qu'un remède, mettre l'enfant dans un bain d'eau très froide, ou de le mettre sur un marbre, nu, c'est tout. Ce traitement m'a semblé barbare. Enfin, désespérée, je vais chez le pharmacien qui me dit que mon mari devrait aller à la mairie réclamer un médecin d'office ; pendant ces démarches bien du temps s'était écoulé ; à 2 heures seulement, le docteur vient, il voit l'enfant, il doute de le ramener à la vie, cependanf il le regarde et lui met deux pilules dans la bouche ; le pauvre enfant était toujours dans le même état, lorsque vers les trois heures le cher ange fit un effort et rendit le dernier soupir, les pilules lui revinrent par la bouche ; à quatre heures, le médecin revint pour connaître le résultat, il ne put que constater la mort. J'avais un grand chagrin, nous avions sauvé l'enfant à travers les privations du siège ! la veille au matin, il avait encore l'air bien, quoique légèrement indisposé. Dans le quartier quand on apprit sa mort, tout le monde fut surpris.

Le lendemain matin à huit heures on alla faire la déclaration mortuaire à la mairie.

On aurait dit que tout ce que j'avais aimé devait disparaître, je devins insensible à la douleur physique. Tant de choses arrivent dans la vie auxquelles on suppose ne pouvoir survivre, elles se produisent imperceptiblement, graduellement, elles s'accomplissent presque inconsciemment, et l'on n'en meurt pas !

En comtemplant mon fils que j'adorais, petit être né pour la souffrance, si je détache mon sentiment égoïste de mère, je pense qu'il a assez vécu, d'autres malheurs l'attendaient sans doute. Dans ces années néfastes, la vie était si triste.

Nous passâmes cette troisième nuit sans nous coucher, on n'y pensait pas ; depuis la guerre, on était habitué aux nuits blanches. Chacun de nous était livré à ses propres pensées ; moi, j'étais assise auprès du berceau de mon ange, je n'avais plus que quelques heures pour être auprès de lui, après, c'était fini pour toujours ; je pensais au néant de la vie.

A minuit on frappa à notre porte, cela nous surprit, ma mère alla ouvrir, c'était un monsieur que nous ne connaissions pas ; il demanda mon mari. Il dit son nom, nous l'introduisîmes dans la chambre voisine, mon mari alla vers lui ; c'était un de ses compagnons de combat, malheureusement il venait chez nous en une bien triste nuit ; mon mari lui dit ce qui se passait dans la chambre voisine ; il ne savait que faire, il était trop tard pour aller à l'hôtel. Le père nous présenta son ami ; nous lui offrîmes l'hospitalité, quoique ce fût en un bien malheureux moment ; il accepta et resta deux ou trois jours chez nous. Notre petit adoptif était couché dans la chambre voisine, nous le mîmes dans notre lit, pour donner sa place à notre nouvel hôte.

Ce cher petit, dont je ne connaissais que peu la famille, était un enfant élevé dans la foi catholique, le pauvre enfant, par instinct peut-être, à tout instant venait près du berceau et disait à ma mère : « Petit Gabriel dort dans ses beaux habits, il va aller au ciel, n'est-ce-pas ? Moi aussi, je veux partir avec lui. »

Le 14 mars, jour de l'enterrement, l'enfant pleura lorsqu'il vit le départ du cerceuil, il voulait partir au ciel avec son petit ami Gabriel. (C'était le nom de mon fils.)

Pauvre enfant, huit jours plus tard c'était son tour. Il mourut après trois jours de maladie d'une érésipèle. Tous deux furent enterrés, non loin l'un de l'autre, dans une tranchée parallèle, au cimetière de Montparnasse.

A partir de ce jour une vie nouvelle allait commencer pour nous. D'autres évènements de plus en plus terribles allaient se produire.

Je sentis dans ma pensée le vide absolu de ces grandes phrases avec lesquelles on façonne le cerveau humain : Dieu ! Patrie ! République ! Tout cela ce ne sont que des mots creux, qui ne font qu'aggraver nos misères, et détruire la famille humaine !

J'ai besoin d'un autre idéal.

CINQUIÈME PARTIE

CHAPITRE XX

Avant l'entrée des Prussiens à Paris, le peuple avait transporté ses canons sur la butte Montmartre, car il était décidé à ne pas permettre qu'ils tombassent entre les mains de l'ennemi. Je laisse aux historiens à raconter l'histoire officielle de la commune, comme je l'ai fait pour le premier siège. Je limite mon récit à ce qui m'est personnel.

Le 17 mars une grande agitation régnait dans Paris, on pressentait un danger, le peuple voulait se tenir sur ses gardes, mais Thiers préparait dans l'ombre un coup fourré; renard, il pensait qu'au jeu, la première mise a presque toujours l'avantage sur l'adversaire.

L'assemblée de Bordeaux sentait bien que sa place était dans la capitale historique, mais elle avait peur des 400 000 fusils restés entre les mains des combattants. Elle savait aussi qu'il fallait payer 5 milliards aux Allemands. Où les prendre, si ce n'est dans la poche du travailleur ? Il fallait absolument *taper* les Parisiens. Ainsi, d'un côté la peur, de l'autre nécessité d'argent. Il fallait donc aller au plus pressé. Désarmer Paris; puis on pourrait lui faire suer son argent pour la rançon par de nouveaux impôts indispensables. On tuerait des citadins,

> *Mais qu'importe qu'un sang vil soit versé ?*

Tuer, pioupious, canaille, sotte espèce? Est-ce un péché?... Non! Non!...

> Vous leur ferez. Seigneur
> En les tuant beaucoup d'honneur.

La société sera sauvée.

Le plan machiavélique était fait, il restait à l'exécuter. Comment ? Il aurait fallu du temps, mais les Prussiens voulaient de l'or. Il fallait agir.

Tandis que Thiers préparait son attaque clandestine sur les batteries prolétariennes, le comité central de la Garde Nationale, en prévision d'un coup d'Etat, cherchait à former une fédération des gardes nationaux de Paris.

Le comité central n'avait encore que 23 membres, dont les pouvoirs étaient vérifiés ; à 1 heure du matin, ils se séparaient, ne se doutant pas de ce qui se tramait contre Paris.

A 4 heures du matin, le 18 mars, le général Susbeille s'empara, sans coup férir, de la position de Montmartre, un factionnaire tué reste seul sur le carreau, les autres, cinquante tout au plus, sont faits prisonniers. Les canons pris, point de chevaux pour les emmener. Le temps s'écoule dans l'inaction voulue ; ce n'était pas seulement pour les canons qu'on avait fait ce guet-apens, on désirait une petite émeute, pour effrayer la Garde Nationale et pouvoir saigner le peuple ; enfin à leur tour quelques gardes nationaux rassemblés en hâte donnent l'assaut à la butte, s'emparent du général Lecomte, et fraternisent avec les troupes ; le général Susbeillle et sa suite fuient, laissant aux mains de l'insurrection un otage, qui par la force des choses est devenu fatalement une victime. Le premier coup fut donc porté par Thiers et une sentinelle fut tuée ; homme pour homme.

Depuis le 15 mars, tout était prêt pour déménager à la minute, caisses et archives.

Vers les 10 heures du matin nous entendîmes des marchands de journaux crier dans les rues : « Surprise, Montmartre attaqué, canons pris, la Garde Nationale fraternise avec l'armée, les soldats mettent la crosse en l'air, le général Lecomte est prisonnier ! »

Mon mari et moi nous allâmes pour savoir ce qu'il y avait de vrai dans ces racontars. Le faubourg St-Germain semblait si éloigné de la vie active des autres faubourgs.

Nous passâmes sur la Place de l'Hôtel de Ville, où il y avait une grande animation. Les vendeurs de journaux avaient dit vrai.

Le comité central au complet était réuni à l'Hôtel de Ville. Ils étaient tous, trop heureux, le soleil s'était mis de la partie une journée splendide. Le Paris qui voulait son affranchissement semblait respirer une atmosphère plus salutaire, nous pensions en effet qu'une ère nouvelle allait s'ouvrir. Mais il ne suffit pas d'avoir triomphé, il faut savoir garder le terrain conquis.

Le peuple et le comité central ne pensaient même pas à prendre des mesures nécessaires pour continuer leur victoire et assurer son succès. Il était 2 heures environ, lorsque nous étions à la place de l'Hôtel de

Ville, tout le monde avait l'air en fête, et ce pauvre Paris qui a toujours besoin de clinquant, nous donnait le spectacle d'un magnifique défilé militaire de la ligne, des gendarmes allant à Versailles, qui, avec des caisses, des malles, des paquets sur leurs épaules, emportant avec eux argent et archives ; et qui plus est, tous ces gaillards allaient renforcer les bataillons des Thiers & Cie, lesquels en réalité étaient en désarroi, en ce moment-là.

On dit que le peuple est méchant et cruel, moi je dis qu'il est bête, c'est toujours le pauvre oiseau qui se laisse plumer, et cette fois vraiment, il le fit bêtement, stupidement.

Les citoyens étaient si naïfs qu'ils croyaient sincèrement faire œuvre de gloire en se hissant sur l'impériale des omnibus, lançant des programmes en profusion, en faveur du mouvement communaliste. Car il ne faut pas s'y tromper, ce que le peuple réclamait alors c'était ses franchises municipales ; il pensait qu'ayant son libre arbitre, sans autorité gouvernementale, il arriverait à une transformation sociale ; les plus avancés espéraient se fédérer dans un temps plus ou moins proche.

Je vois encore ce brillant défilé ; quelques pauvres diables de lignards se retournaient, attrappaient au vol ces morceaux de papier insignifiants, quelques-uns avaient eu l'idée d'entonner un couplet de la Marseillaise, lorsque des officiers se mirent à crier : « Sacré nom de D..., marcherez-vous espèce de brutes ! » La foule se contenta de rire et de siffler les galonnés.

La journée du 18 mars, si belle à son aurore était vaincue d'ores et déjà au déclin du jour. L'insuccès de la révolution est tout entier dans cette journée qui promettait tant.

Si au premier moment d'effervescence on avait fermé les portes de la capitale et empêché de dévaliser Archives et Monnaie et fait bonne justice de ces gens-là, je ne dis pas en les tuant, mais en les faisant simplement prisonniers, jusqu'à ce que la force morale eût vaincu la force brutale, Thiers n'aurait pas eu le temps de tromper l'opinion publique de la Province par ses mensonges et ses corruptions.

Depuis assez longtemps il avait préparé des professionnels, agents de police, gendarmes transformés en mobiles, voire même gardes nationaux, pour le coup de main prémédité. Il était décidé à tout plutôt qu'à maintenir la République. Il espérait établir sur le trône un prince d'Orléans, au risque de travailler plus tard à le renverser, son rôle principal en tout temps ayant été de faire et de défaire les gouvernements.

Ses agents et autres soudoyés par Versailles, se seraient rendus à merci, car dans. le fond ce ne sont que des mercenaires, ils auraient accepté d'être avec le maître qui les aurait payés, ils n'avaient pas d'opinion en propre.

Le 20 mars dans l'après midi nous eûmes la visite d'un compagnon d'armes de mon mari, le Garibaldien duquel j'ai déjà parlé. Il nous dit qu'on fait un appel à tous les corps francs qui sont de retour à Paris et aux soldats de l'armée régulière, qui n'ont pu être réincorporés dans leur régiment respectif, pour former un bataillon pour la défense de la République. Il demanda à mon mari et à moi, de la part de quelques compagnons de combats si nous voulions faire partie de leur bataillon en formation, on nous faisait demander si nous consentirions à tenir le mess des officiers.

Nous étions un peu hésitants, mon mari m'engagea de dire oui. Il pensait que cela serait mieux que de rester avec nos tristes souvenirs, dans l'inactivité.

Nous avons accepté. Nous fîmes de l'ordre dans notre maison et trois jours après, nous étions installés à la Caserne Nationale, maintenant caserne de la République, à l'angle de la rue de Rivoli et de la place, près de l'Hôtel de Ville.

Une vie nouvelle commençait pour nous, là nous avions une chambre à nous, une magnifique cuisine, une grande salle à manger et une petite cuisine pour le service du personnel, la salle était très propre, il y avait une grande table au milieu, recouverte d'une toile cirée blanche, des tabourets paillés, un dressoir, une sorte de comptoir, une grande glace pendue au mur, sur une console, un buste de la République (en plâtre), lequel était coiffé d'un bonnet phrygien et entouré de drapeaux rouges. C'était tout.

Nous avions alors comme chefs le commandant Naze et les capitaines Martin, Letoux et plusieurs autres officiers et sous-officiers. On m'adjoignit un cuisinier et deux garçons de service, dont un se nommait Adrien Brouiller. Je m'occupais du service général,

mon mari s'occupait aussi de la surveillance des garçons; tout allait assez bien.

Un jour, je demandai au commandant Naze si l'on
voulait m'autoriser à tenir table ouverte deux heures
par jour, à 9 heures du matin pour donner à manger
aux pauvres diables qui avaient faim (il n'en manquait pas dans Paris dans ces moments-là.) Ayant été
autorisée, je donnais une bonne assiettée de soupe à
chacun, une tranche de bœuf, des légumes, du pain à
discrétion et un demi-verre de vin. Nous acceptions
hommes, femmes et enfants, par groupes de six;
lorsque chaque groupe avait fini, six autres individus
entraient. Je ne demandais pas d'où ils venaient, ni
qui ils étaient; s'ils avaient faim, cela me suffisait.

Nous avons vu défiler des types de bien différentes
conditions. J'étais heureuse d'avoir pu calmer pour
quelques instants la faim de ces malheureux.

Notre bataillon n'était encore ni organisé, ni habillé,
ni équipé, ni armé; parmi nous il y avait des zouaves,
des spahis, des turcos; j'avais dans mon service un
nègre, il était très bon garçon.

Quoiqu'en disent les mal intentionnés, chez nous je
n'ai jamais vu un homme ivre, dans notre salle et
dans notre service tout le monde s'est conduit digne-
ment et respectueusemet.

Le 26 mars, le comité central, fidèle à ses engage-
ments, déposa entre les mains du peuple son mandat,
ayant fini son rôle. Le peuple était sorti de la légalité
pour rentrer dans la révolution; c'était son droit, et ce
droit lui était contesté par la presse officieuse, qui

accusait l'Hôtel de Ville, de l'assassinat des deux généraux, quoiqu'il n'y fût pour rien.

La presse soudoyée rendait aussi le comité central responsable de l'affaire de la rue de la Paix. Elle était payée sans doute pour faire échouer les élections, et continua sa campagne diffamatoire, mais le coup a manqué !

Plus de 200 000 bulletins affirmèrent les pouvoirs de la Commune ; ils n'avaient pas usurpé les pouvoirs comme l'avaient dit les Thiers, J. Favre & Cie.

Le suffrage universel avait légalisé le drapeau rouge de l'émeute. Les membres de la municipalité parisienne allaient siéger pour la première fois depuis 1793.

Cette fois nous avions la Commune !

Toute la population donnait la bienvenue à la révolution. Après tant de défaites, de misères et de deuils, il y eut une détente, tous étaient joyeux. Toutes les maisons étaient ornées de drapeaux rouges et de drapeaux tricolores. Sur la place, devant l'Hôtel de Ville, canons, mitrailleuses couchés sur leurs affûts reluisaient au soleil. Au front des bataillons de marche, comme aux fenêtres, les drapeaux rouges flottaient et se mêlaient aux drapeaux tricolores.

Devant l'Hôtel de Ville, une estrade avait été dressée pour les membres de la Commune, au milieu de la foule endimanchée qui les acclamait, les bataillons défilaient, descendant musique en tête. Au premier rang, les élus des arrondissements, conduits à l'Hôtel de Ville par les électeurs fédérés.

Cette fête était magnifique, grandiose. Nous eûmes

quelques heures d'émotion ; à la tête des bataillons au repos, des cantinières en costumes différents, s'accoudent aux mitrailleuses, la foule est compacte, silencieuse, recueillie devant l'estrade, autel de la Patrie, adossé au temple de la révolution ! Trois coups de canon tirés à blanc retentissent.

Le silence se fait. Un membre de la Commune proclame les noms des élus du peuple, un cri s'élève, unanime :

Vive la Commune !...

Les tambours battent au champ, la Marseillaise, le Chant du départ retentissent. Les drapeaux viennent se ranger autour de l'estrade communale, la voix grave et sonore du canon répétée par les échos annonçait aux quatre coins de Paris la grande nouvelle:

La Commune est proclamée !...

Paris, abandonné par ses représentants, livré à lui-même avait le droit de constituer un conseil communal.

La Commune n'a jamais eu des intentions de gouverner la France, elle était une nécessité du moment, elle fut élue librement, elle voulait Paris libre dans la France libre.

Elle voulait affirmer la République et par elle arriver à une amélioration, non pas sociale, (une minorité seulement pensait ainsi) mais gouvernementale.

Enfin elle voulait une République plus équitable, plus humaine. La Commune s'occupera de ce qui est local.

Les départements, de ce qui est régional.

Le gouvernement, de ce qui est national, celui-ci ne

pourra plus être que le mandataire et le gardien de la République, qui aurait probablement sauvé la France.

Les hommes du 4 septembre ne l'ont pas voulu, ils ont préféré s'imposer au pays. Qu'ont-ils fait ? Ils ont mieux aimé sacrifier la nation que d'accepter franchement la République.

Les hommes de la Commune, inconnus la veille, seraient devenus les rédempteurs du lendemain s'ils avaient pu réaliser leur idéal.

La bourgeoisie reproche à la Commune, qu'il y avait parmi eux des hommes tarés. En manquait-il parmi les hommes du 4 septembre ? Avaient-ils tous la conscience pure ? Ces Messieurs se permettent bien de juger le peuple sans le connaître. Nous qui les connaissons, les ayant vus à l'œuvre, nous avons le même droit.

Quel que soit le jugement de nos contemporains, les hommes de la défense nationale, dont M. Thiers était le chef suprême auront au front la tache sanglante d'avoir laissé l'ennemi écraser la France. Pour se venger d'un tel affront, résultat de leur maladresse et de leur incapacité, ces hommes se ruèrent comme des bêtes fauves sur les Parisiens, qui voulaient sauver l'honneur de la France outragée. Car ce n'est pas seulement à la Commune que Versaille a fait la guerre; c'est à Paris !

.   .   .   .

.   .   .   .

Après cinq mois de siège, de famine et une honteuse capitulation, avec les dettes à payer, les ateliers encore fermés et pas de travaux d'aucun genre, le peuple acceptait encore de prolonger sa misère ; il ne voulait pas faiblir devant l'ennemi, c'était le mot d'ordre ; la Prusse nous regarde, elle est à nos portes ; soyons sages ! Et il le fut, trop même, car quelques folies qu'il eût pu faire, il n'aurait jamais égalé ce qu'à fait le gouvernement dont M. Thiers était le chef et qui supprima d'abord les 1 fr. 50 de la Garde Nationale, seule ressource de ces pauvres diables.

Cela ne pouvait encore le satisfaire ; il avait besoin d'une tuerie, de faire une saignée à ce Paris qu'il détestait tant ! Il la fit naître, l'affaire des Buttes Montmartre. Il ne fut pas encore satisfait ; plus la persévérance et le courage du peuple se maintenait, plus sa haine et sa férocité s'augmentaient dans des proportions effrayantes. On tuait pour tuer, femmes, enfants, vieillards, bourgeois paisibles et indifférents, le premier passant venu, tout y passait.

CHAPITRE XXI

Le dimanche 3 avril, sans avertissement, sans sommation légales, à 1 heure de l'après-midi les Versaillais ouvraient le feu et jetaient des obus dans Paris. 6 à 700 cavaliers, le général Gallifet en tête, appuyaient le mouvement.

Les fédérés surpris n'étaient pas en nombre, cependant ils ripostèrent ; les Versaillais, les croyant plus nombreux, prirent la fuite, abandonnant sur la route canons et officiers.

A Paris personne ne croyait à une attaque, depuis février on n'avait plus entendu le son du canon, depuis le 28 mars on semblait vivre avec plus de sécurité, dans une atmosphère de confiance et d'espoir ; la surprise fut donc grande, d'entendre la voix du canon. On croyait à un malentendu ou à un anniversaire historique quelconque.

Mais lorsqu'on vit les voitures d'ambulances, quand le mot courut : *Le siège recommence,* il n'y avait plus à douter. Un même cri part de tous les quartiers : *Aux barricades,* on traîne des canons dans la direction de la porte Maillot et des Ternes, à 3 heures 50 000 hommes criaient : *à Versailles,* un grand nombre de femmes voulaient marcher en avant.

Tout à coup une mitraille des plus nourrie assaille

les fédérés, ils criaient à la trahison ; une panique affreuse s'en suivit. Ils avaient espéré que le Mont Valérien ne tirerait pas.

La plus grande partie des fédérés fuient à travers champ et regagnent Paris. Le 91me seulement et quelques débris, 12000 hommes environ gagnent Rueil, peu après Flourens arrive par la porte d'Asnières avec 1 000 hommes à peine.

Les Versaillais surpris par cette sortie n'entrent en ligne que vers les 10 heures du soir. 10000 hommes furent envoyés dans la direction de Bougival. Des batteries placées sur le côté de Jonchère, Rueil, deux brigades de cavalerie à droite, celle de Gallifet ; à gauche, vers l'aile droite l'avant garde parisienne, une poignée d'hommes firent résistance.

Flourens fut surpris dans Rueil. Las et découragé, il se coucha sur la berge et s'endormit. Cipriani, le premier découvert veut se défendre, il est assommé. Flourens reconnu à une dépêche trouvée sur lui, est conduit sur les bords de la Seine, où il se tient debout, tête nue, les bras croisés. Un capitaine de Gendarmerie, Desmarets, se dressant sur les étriers, lui fend le crâne d'un coup de sabre, si furieux, qu'il lui fit deux épaulettes, dit un gendarme.

Cipriani, encore vivant, fut jeté avec le mort dans un petit tombereau de fumier et roulé à Versailles[1].

A l'extrême gauche Duval avait passé la nuit du 2 avril avec 6 ou 7000 hommes. Le 3, vers 7 heures, il

---

[1] Lissagaray, *Histoire de la Révolution de 1871*. Page 182.

forme une colonne d'élite, s'avance jusqu'au petit Bicêtre, disperse les avant-postes du général du Barail; il envoie un officier en reconnaissance, lequel annonce que les chemins sont libres, les fédérés avancent sans crainte près du hameau, mais ils se croient déjà cernés.

Les envoyés de Duval prient, menacent; ils ne peuvent obtenir ni renforts, ni munitions, un officier ordonne la retraite. Duval abandonné est assailli par la brigade Derroja.

Le 4, à 5 heures le plateau et les villages voisins sont enveloppés par la brigade Derroja et la division Pellé:

— Rendez-vous, vous aurez la vie sauve! Les fédérés se rendent. Aussitôt les Versaillais saisirent les soldats qui combattaient dans les rangs fédérés et les fusillent, les autres sont emmenés à Versailles, leurs officiers, tête nue, marchent en tête du convoi au petit Bicêtre, la colonne rencontre Vinoy:

— Y a-t-il un chef ?

— Moi, dit Duval qui sort des rangs.

Un autre s'avance :

— Je suis le chef d'état-major de Duval.

Le commandant des volontaires de Montrouge vint se mettre à côté d'eux.

— Vous êtes d'affreuses canailles, dit Vinoy, se tournant vers ces officiers: qu'on les fusille !

Duval et ses camarades dédaignent de répondre, franchissent le fossé, viennent s'adosser contre un mur, se serrent la main, crient : « Vive la Commune! » Ils meurent pour elle. Un cavalier arrache les bottes de Duval et les promène comme un trophée[1].

Le général qui appelle les combattants parisiens des bandits, qui donne l'exemple de trois assassinats, n'est autre que le chenapan du Mexique.

Rien n'est plus édifiant dans cette guerre civile, que les porte-drapeaux des honnêtes gens. Leur bande accourut dans l'avenue de Paris pour recevoir les prisonniers de Châtillon, fonctionnaires, élégantes filles du monde, demi-mondaines et les filles publiques ; vinrent frapper les captifs des poings, des cannes, des ombrelles, arrachant képis et couvertures, criant : « L'assassin à la guillotine ! » Parmi les assassins marchaient Elysée Reclus pris avec Duval. Ils furent jetés dans les hangards de Satory et de-là, dirigés sur Brest en vagon à bestiaux[2].

Lorsque nous apprîmes ce qui s'était passé dans la journée et dans la nuit du 3 au 4, nous étions très surexcités, tous voulaient marcher au combat, malheureusement nons n'étions pas encore en état de défense, cependant le commandant Naze voyait l'impatience de ses soldats commanda : « Ceux d'entre vous qui sont à peu près équipés, qu'ils sortent des rangs, alors je vous compterai et j'irai à l'Hôtel de Ville demander des fusils. Une trentaine se proposèrent pour aller en reconnaissance. Le commandant obtint assez de fusils et nos amis partirent, ils allèrent ainsi jusqu'à Neuilly.

[1] Vinoy écrivit : Les insurgés jettent leurs armes et se rendent à discrétion. Le nommé Duval est tué dans l'affaire.

[2] *Histoire de la Révolution de 1871* par Lissagaray. Page 184.

Ils arrivèrent au moment d'une déroute, la panique qui s'était produite était terrible ; tous voulurent se servir de leurs fusils, à l'Hôtel de Ville on avait trouvé que des fusils à pierre (de vieux calibre), ils voulurent faire marcher la détente, elle ne fonctionnait pas tant les fusils étaient rouillés. Ils furent obligés de revenir, mais cette fois ils étaient furieux.

Notre bataillon n'était encore qu'en formation, malheureusement dans cette année de malheur, tout conspirait à ne réussir en rien et à faire échouer l'action.

La Commune, confiante en son rôle, n'avait pas l'air de prendre au sérieux l'attaque des Versaillais. Elle perdait un temps précieux en vains discours, en paroles inutiles.

L'organisation militaire était absolument défectueuse, Pas d'ordre dans les administrations, on ne savait jamais à qui s'adresser, on ne pouvait rien obtenir en son temps, tout cela paralysait le mouvement ; la patience des plus braves et des plus dévoués à la cause s'usait en pure perte.

Ce jour-là le bataillon entier protesta, ils étaient tous furieux.

Que de courage et d'énergie perdus en cette terrible et désastreuse année.

Tous nos volontaires étaient impatients, ils voulaient partir dans la nuit, coûte que coûte. Ils dirent au commandant Naze : « Si à 10 heures du soir nous ne sommes pas en état de combattre, nous irons ensemble faire tapage à l'Hôtel de Ville ; on égorge nos frères, ils sont pris dans un guet-apens sans même pouvoir se défendre ; on doit aller à leur secours, car Flourens n'a pas été tué en combattant, il a été assassiné, Duval et ses amis également ont été assassinés. »

« Mettez bas les armes disaient les Versaillais, il ne vous sera rien fait. » Puis on les postait le long d'un mur, ils étaient fusillés sans jugement ; la vie de ces hommes était entre les mains de la première brute venue.

Pendant ce temps là, on pérorait au comité.

« Allons-nous être aussi lâches que les hommes de la défense nationale ? Disaient nos volontaires. Maintenant nous ne combattons pas seulement pour le territoire, mais pour sauver la République, nous voulons la France libre ! »

Notre commandant alla à l'Hôtel de Ville. N'ayant pas prévu qu'ils auraient à se défendre les délégués à la Commune étaient dans l'impuissance de satisfaire à tous les besoins immédiats. De tous côtés l'Hôtel de Ville était envahi par des hommes qui réclamaient des armes nécessaires au combat.

Enfin le 7, nous nous mîmes en marche du côté de Neuilly où une lutte violente se livrait.

Les Versaillais étaient à quelques pas des fortifications, tout semblait si calme qu'on ne s'en serait pas douté.

Dans la soirée nous prîmes nos positions dans le contre-fort des remparts, nos officiers nous recommandèrent le silence absolu, disant que l'ennemi nous guettait et qu'il fallait nous préparer à combattre

Nous étions installés tant bien que mal ; nos volontaires attendaient l'arme au pied avec courage le signal.

J'avais préparé tout ce qui est nécessaire en pareille circonstances pour nos blessés.

La nuit était sombre, il avait plu légèrement dans la soirée, le ciel avait un aspect assez étrange, tout semblait mystérieux autour de nous ; dans ce silence de mort on apercevait à l'horizon des lueurs d'incendie, on aurait entendu le froissement le plus léger.

Par maladresse un de nos amis, sans le vouloir, fit partir son fusil, ce fut le signal de la lutte, d'une lutte sauvage, il nous tomba une grêle de balles la fumée de la poudre nous aveuglait, les obus labouraient la terre. Tous furent courageux, le combat dura assez longtemps, nous allions à la mort avec conviction profonde du devoir accompli. Oh ! comme on est fort quand on a la foi, la conviction, la conscience heureuse et la gaité au cœur. Nous vengions notre chère France, outragée et vendue, nous donnions notre sang, notre vie pour la liberté ; à chaque étape sanglante nous criions : Vive la République ! Nous n'ignorions pas qu'on voulait écraser Paris pour tuer la République.

Après deux heures de lutte le feu cessa, au loin nous aperçûmes des flammes s'élevant graduellement et avec une plus grande impétuosité ; dans ce lieu presque désert, la nuit cela avait une grandeur sauvage.

La pluie avait cessé, les nuages avaient disparu, les étincelles se projetaient dans le ciel étoilé. C'était la porte de Neuilly qui brûlait, à 3 heures du matin elle était démantelée, il ne restait plus debout qu'un pan de mur, se soutenant à peine ; la flamme était si intense, éclairant l'espace d'un cercle lumineux, ce qui nous permit de voir, non à la lueur des flambeaux, mais aux reflets de l'incendie, nos désastres, et quel désastre, nos blessés et nos morts. Cette lumière fantastique se projetait sur les remparts, d'où l'on voyait nos silhouettes s'agiter sans cesse comme dans un tableau magique.

Nous attendions le jour avec impatience.

Malgré nos malheurs nous avions toujours un mot heureux pour soutenir notre courage.

Nous nous occupions de nos blessés et de nos morts que nous fîmes transporter à la mairie de Neuilly, laquelle était transformée en ambulance.

Après le devoir accompli vint le jour ; nous prîmes quelque nourriture, nous fîmes du café pour nous réchauffer, car quoi qu'on en ait dit, il n'y avait que peu de buveurs au bataillon. J'avais du cognac que ce qu'il me fallait pour ranimer nos blessés et nos mourants.

Enfin dans l'après-midi, nous prîmes un peu de repos, autour de nous tout semblait calme, nous nous couchâmes sur la terre pour y dormir. Moi-même je m'y suis installée tant bien que mal, un camarade me prêta son sac pour oreiller, pour m'élever la tête et un autre me couvrit de sa couverture.

J'étais si fatiguée que je m'endormis profondément. Les sentinelles montaient leur faction sur le rempart.

Le capitaine Letoux demanda des hommes de bonne

volonté pour aller en reconnaissance ; une quinzaine d'entre eux voulurent l'accompagner. Ils explorèrent les environs immédiats, mais ne firent aucune découverte. Les autres, à leur tour, veillaient les endormis.

De nouveau une canonnade bien nourrie éclata soudain et vint nous assaillir.

Dans mon sommeil je ressentis une violente secousse semblable à un tremblement de terre. Tous mes amis me crièrent : « Ne vous relevez pas ou vous êtes morte. » Sans me rendre compte de ce qu'on me disait, à demi endormie, je me soulève légérement, instantanément je suis recouverte de terre, je ressens une forte vibration partout le corps, mes amis me croyant tuée, arrivent en hâte pour me relever ; je n'étais qu'évanouie. Un trou immense était creusé à mes pieds ; l'obus était entré en terre à quelques mètres ; ce qui me préserva de la mort, l'obus avait éclaté trop près de moi, les éclats se sont projetés de tous côtés, et comme par miracle, personne ne fut atteint, je fus épargnée Quand je fus revenue à moi, mes compagnons m'entourèrent, inquiets ; je les rassurai ; là, je vis toute l'affection de frères qu'ils avaient pour moi ; cela me rendait heureuse. Ces chers amis avaient tous, sans exception, le plus profond respect, je les en aimai davantage.

Le repos fini, nous nous occupâmes de nos blessés. Après, nous prîmes une légère collation. Nous mîmes notre couvert sur un tapis vert aux places où l'herbe commençait à pousser. Notre service de table se composait : d'une gamelle, d'une cuillère et d'une fourchette

jumelle, d'un couteau et d'un gobelet, le tout acheté
au bazar à treize sous, rue de Rivoli. Quand tout fut
fini, nous partîmes pour la caserne, en chantant, quoique nous eussions la mort dans l'âme, nous pensions
à nos pauvres amis que nous laissions sur ce sol
labouré par des obus versaillais. « Si nous mourons,
disions-nous, mieux vaut mourir en chantant. » Nous
narguions la mort qui n'avait pas voulu de nous.

Lorsque nous quittâmes les tranchées, il faisait nuit.
Nous arrivâmes à une passerelle qu'on avait jetée
sur le fossé des fortifications, mais lorsque nous
fûmes engagés sur cette passerelle, elle cassa et un
grand nombre d'entre nous (et moi parmi eux)
tombèrent dans le fossé ; plusieurs furent blessés
légèrement, un officier eut trois côtes enfoncées
en tombant sur les fusils des camarades ; il ne faisait
pas clair, il était difficile de se tirer de là ; enfin on
alluma des fanaux et encore une fois nous dûmes
nous extriquer, personne ne fut gravement atteint, moi
j'eus le bonheur de tomber un des derniers, je ne me fis
aucun mal. C'est ainsi que nous rentrâmes à Paris.

CHAPITRE XXII

De retour à la caserne, où nous ne sommes restés que quelques jours pour nous réorganiser, les défenseurs de la République étaient impatients ; ils voulaient repartir au plus vite pour les remparts, car les nouvelles étaient toujours tristes.

Les Versaillais, fiers de leurs exploits, faisaient publier par voie d'affiches cette notice :

« Nous avons bombardé tout un quartier de Paris. Force restera à la loi.

Signé : Thiers, J. Favre &

Tous ces récits excitaient les esprits, chacun voulait repartir immédiatement. Enfin sur la demande du commandant Naze, le 25 à minuit, nous reçûmes l'ordre de partir pour le champs de Mars, de là nous devions être dirigés sur un point quelconque.

On nous promit qu'on nous donnerait des chassepots et des munitions en quantité suffisante, que rien ne nous manquerait.

Nous partîmes, non sans quelque confusion, plusieurs d'entre nous tâchaient d'effrayer les faibles et de répandre la panique ; aussi y en avait-il qui hésitaient. Naze s'en aperçut : « Citoyens, leur dit-il, si quelques-uns parmi vous n'ont pas le courage de la tâche que nous allons entreprendre, qu'ils se retirent des rangs, il vaut mieux avoir 10 convaincus que 20 hésitants. Nous agirons envers ceux qui ne veulent pas nous suivre comme il sera jugé utile, pour la cause que nous avons le devoir de défendre. » Personne n'osa reculer.

— Colonel, tous nous irons si vous nous accompagnez !

— Je vous accompagnerai !...

Naze n'était pas un traitre comme plusieurs l'ont prétendu, il était doux de caractère, assez joli garçon, poseur, pas très brave, mais il était honnête et bon.

Le commandant alla de nouveau à l'Hôtel de Ville ; nous attendions, montre en main, son retour. Dix heures et demie du soir, personne encore, on commençait à s'impatienter ; enfin il arriva triomphant avec un ordre de départ pour minuit.

Le commandant Naze fut nommé colonel ce soir-là. Le capitaine Martin fut nommé commandant. Les capitaines et les officiers, sous-officiers Berjaud, Lantara, Sebire, Letoux, Napier, Ménard, Derigny, les sergents-majors Fabre, Laurent, etc., furent mis en possession de leur compagnie respective. Il y avait un vrai remue ménage dans la caserne ; malgré leur enthousiasme à l'idée de partir, les gradés avaient peine à coudre et à faire coudre à leur képi et sur leurs manches leurs galons. Le colonel Naze me demanda si je voulais lui coudre ses galons, qu'il m'en serait bien reconnaissant, ce que je fis en hâte, car le temps était court.

Ceux qui n'avaient rien à coudre s'impatientaient, ils disaient : Partons ; on pourra coudre ces insignes un autre jour, ce n'est pas indispensable pour se battre.

Enfin, à minuit ils étaient tous prêts, on fit l'appel et ils se mirent en rangs ; mais il nous manquait encore beaucoup de choses au moment du départ, quelques membres de la Commune vinrent nous remettre notre drapeau, sur lequel était inscrit en lettres dorées : « Défenseurs de la République » Ils nous firent un petit discours de circonstance et nous partîmes. Le colonel et le commandant me prièrent de les accompagner, tout le bataillon témoigna le même désir.

Mon mari, gravement blessé par une immense marmite pleine d'eau bouillante qui lui était tombée sur les pieds, ce qui l'avait obligé de garder le lit assez longtemps, s'était levé, mais il ne pouvait encore supporter la marche, il resta à la caserne avec ses employés, il me conseilla d'accompagner le bataillon. Je partis donc avec eux ; de la caserne on nous dirigea au Champ de Mars, dans les baraquements où nous allions être organisés par section. Dans la matinée nous devions recevoir ce qui nous manquait, ensuite partir pour un point stratégique qu'on nous indiquerait.

Le temps nous paraissait long, à midi nous nous mîmes à manger et à nous compter. A deux heures nous n'avions encore rien vu, ni rien reçu, chaque instant d'attente nous paraissait un siècle. Enfin sur les deux heures et demie je vis apparaître notre nègre, qui conduisait Mot d'ordre, notre cheval par la bride, lequel m'apportait à moi particulièrement différentes choses pour me couvrir que m'envoyait mon mari. Il nous annonçait anssi qu'une voiture pleine de couvertures et de différents articles de campemént allait être distribuée dans quelques instants ; à l'économat on nous préparait une voiture de vivres, après toutes ces tergiversations, au déclin du jour, nous avons reçu nos couvertures et nos objets de campement, mais nous n'avions pas encore d'armes en suffisante quantité. Là j'eus une surprise, on m'avait fait faire une magnifique capote en drap bleu clair, avec des galons dorés, on aimait les choses artistiques dans notre bataillon, cette capote avait surtout le mérite pour moi, de bien m'abriter contre le froid, j'étais heureuse des bonnes intentions que mes amis ont eu pour moi ; pour la dernière fois j'aurai l'occasion de parler du côté décoratif de notre bataillon.

Les défenseurs de la République avaient des tuniques bleu clair, un pantalon large de même couleur avec molletières, mais moins large que ceux des Zouaves, les officiers avaient des tuniques avec revers à la Robespierre sabre au côté et képi rouge avec galons dorés, trois, quatre ou cinq selon le grade. Le costume ne manquait pas d'élégance et il était pratique. Moi, j'avais le costume de drap fin, bleu clair, jupe courte, à mi-jambe, (car on ne peut aller au combat avec des jupes longues, c'est absolument impossible, on ne pourrait pas se mouvoir), corsage ajusté avec revers à la Robespierre, un chapeau mou tyrolien et une écharpe rouge en soie, avec franges dorées en sautoir, un brassard de la convention des ambulances.

Je suivais mes amis, je leur donnais mes soins.

En marche tous étaient joyeux ; nous arrivâmes au Champ de Mars, on nous installa dans les baraquements où nous devions recevoir tout ce qui nous était nécessaire. Cette journée du 26 fut longue, quoique le temps fut magnifique, on ne voulait pas rester dans l'inaction ; d'heures en heures nous attendions ce qu'on nous avait promis, enfin dans la soirée nous vîmes apparaître des fourgons qui nous apportaient les choses promises, on nous en fit la distribution ; (il y avait une telle confusion à l'Hôtel de Ville ,qu'il était difficile d'obtenir en bloc les choses nécessaires.) Les chassepots manquaient encore, nos hommes étaient furieux, ils ne voulaient pas marcher au combat, avec des fusils à tabatière, ils savaient par expérience ce qu'ils valaient, ces fusils, plusieurs des nôtres avaient été blessés. C'étaient des fusils de rebut, rouillés, fonctionnant mal.

Enfin dans l'après-midi, nous reçûmes une certaine quantité de chassepots, mais pas assez pour tout le monde. Le 27 à 3 heures du matin, nous reçûmes l'ordre de nous diriger sur Issy, où nous devions prendre nos positions.

Nous quittâmes le Champ de Mars avec plaisir, tous étaient joyeux et entonnèrent le Chant du départ pour soutenir la marche. Ils étaient heureux, espérant faire payer aux Versaillais de tout acabit les souffrances du siège de Paris et de toutes les hontes de la défaite.

En arrivant près de la porte, dite de Versailles, on

nous fit faire halte pour nous reconnaître, nous restâmes environ 40 minutes, il y eut un moment de désordre, beaucoup se souvenaient de leurs souffrances, de leur manque de nourriture pendant la campagne contre les Prussiens, ils ne voulaient pas franchir les remparts sans avoir les armes nécessaires pour combattre.

Le commandant Martin les encouragea en leur promettant que dès leur arrivée à Issy ils auraient ce qu'il leur faudrait[1].

Le colonel Naze avait été obligé de rester à Paris pour parfaire l'organisation et faire expédier tout ce qui nous manquait.

Le calme rétabli, on abaissa le pont levis ; le défilé passa triste et silencieux, la nuit était sombre, on ne pouvait rien distinguer autour de soi, on entendait au loin le bruit du canon résonnant à nos oreilles, on sentait que la lutte serait terrible.

Quand j'entendis le bruissement des chaînes du pont levis, lorsqu'il s'abaissa, un serrement de cœur oppressa ma poitrine ; il me semblait que nous entrions dans un immense tombeau. Lorsque nous fûmes séparés de la grande cité, on entendait de ça et de là le bruit sourd de quelques coups de fusils.

Je pressentais que beaucoup d'entre nous ne franchiraient plus ce pont, dont l'écho sinistre retentissait en mon cœur comme un glas funèbre ; à peine si nous

---

[1] Le commandant Martin était un homme actif, plein de courage et d'énergie. Il était très aimé.

avions marché un quart d'heure lorsque nous entendîmes une fusillade des plus nourries. Tout le monde se ranima, la tristesse qui planait un moment sur les esprits disparut complètement, pour faire place à l'enthousiasme, on ne pensait même plus à la défectuosité de l'armement. « Nous allons donc venger nos frères qui ont déjà succombé, » s'écrient-ils tous ensemble !

Chemin faisant nous rencontrâmes quatre individus à l'air suspect qui se dirigeaient du côté de Paris, un de nos capitaines leur demanda à quel bataillon ils appartenaient.

— Nous sommes neutres, répondirent-ils.

— Si vous êtes neutres, pourquoi vous dirigez-vous de ce côté et ne restez-vous pas en sûreté? Où demeurez-vous ?

Ils ne voulurent pas répondre à cette question. Ils furent arrêtés, on supposa que c'étaient des espions. Quelques heures plus tard, ils furent mis en liberté.

Nous arrivâmes à la rue d'Issy criblée d'obus, nous prîmes place au grand séminaire. Il pouvait être 3 heures et demie de l'après-midi, nos vivres n'étaient pas encore arrivés et nous avions faim. Dès que nous fûmes à peu près installés, quelques-uns d'entre nous se mirent en route pour acheter quelque chose pour manger, car nous n'avions rien pris avant de quitter Paris ; il fut difficile de se procurer quelque nourriture, les habitants du village nous étaient hostiles ; même avec de l'argent, on ne pouvait rien se procurer, quelques-uns cependant avaient trouvé des denrées.

Le sergent Laurent et deux autres étaient allés cueillir quelques feuilles d'oseille pour faire une soupe; dès leur retour ils se mirent en devoir de la préparer. Au moment où on allait la manger, un obus éclate et renverse la marmite, le repas fut achevé avant d'avoir commencé. Le 30. à 10 heures nous reçûmes l'ordre d'aller au feu. Joyeusement, gamelles et le reste furent abandonnés.

Le général Cluseret devait distribuer des cartouches à la tranchée, où il était en observation aux abords du parc d'Issy.

Il n'y avait pas de temps à perdre, la lutte s'annonçait terrible, on conseilla tout d'abord de ne pas trop s'avancer, disant qu'il vaudrait mieux choisir une habitation rapprochée, d'où l'on pourrait tirer; on trouva que le petit séminaire serait propice et nous y entrâmes, mais la position était mauvaise, elle aurait fait perdre trop de munitions, l'idée fut abandonnée.

Le colonel Naze et quelques chefs de l'état-major, choisirent une propriété sur la droite comme camp d'observation. Naze donna l'ordre d'aller en avant. Le commandant Martin se mit carrément à la tête de ses hommes, il était sublime d'élan.

Je voulais partir avec eux, mais on m'empêcha de franchir la barricade du Parc, toute désolée, je me rapprochai du colonel et du capitaine Letoux:

— Dans quelques instants vous nous serez nécessaire, ne vous exposez pas inutilement.

A peine sommes-nous arrivés qu'on nous annonce

que cinq des nôtres sont tués, parmi lesquels trois sergents. Voici ce qui s'était passé.

Les défenseurs de la République avaient reçu l'ordre d'aller fouiller le Parc qui avait été abandonné depuis la veille par un bataillon de la Garde Nationale et était en ce moment, au pouvoir de l'ennemi.

Une fusillade indiquait qu'on attaquait le Parc sur la gauche et la barricade qui gardait la grand'rue.

Le commandant Naze lançait sa 1re, 2me, 3me compagnies et gardait la 4me en réserve, en la plaçant à l'extrême droite, laquelle était appuyée par un détachement du 234me et du 67me bataillon de la Garde Nationale ; les deux compagnies s'élancèrent, tête baissée, dans le Parc et reprirent les positions perdues la veille, sur la barricade fut arboré le drapeau des défenseurs de la République, déjà percé par deux balles, il y resta jusqu'à la fin du combat, en le plaçant, deux officiers furent tués.

La première compagnie, sous les ordres du lieutenant Lantara, se dirigeait, par ordre du colonel Naze du côté du fort d'Issy, et en prenait possession ; le fort semblait abandonné.

Lantara reçut un parlementaire qui lui ordonnait de rendre le fort dans les 15 minutes, ou qu'il serait passé par les armes. Quoiqu'il ne restât que 23 hommes pour le défendre, le lieutenant ne tint pas compte dc cet ordre de réddition, l'ennemi fut repoussé sur toute la ligne.

A la sommatien de rendre le fort, le commandant Martin avait répondu aux Versaillais : « Nous ferons plutôt sauter le fort que de le rendre aux royalistes. »

Dans cette reprise du fort et du Parc d'Issy, il y a eu des actes de bravoure et d'héroïsme exécutés par notre bataillon. Le lieutenant Berjaud, plusieurs fois sous une grêle de mitraille, est allé chercher des munitions pour ses hommes qui en manquaient. Sebire, nommé capitaine sur le champ de bataille, ainsi que le capitaine Marseille ont, avec une grande énergie, défendu le drapeau qui a été à nouveau percé de trois balles. Le capitaine adjudant major Martin, commandant du fort d'Issy, les capitaines Letoux, Napied se sont particulièrement distingués, ainsi que Ménard, sous-lieutenant et Devrigny, qui ont montré un grand sang froid et un grand courage. Le sergent Laurent de la première compagnie qui a été tué, fut mis à l'ordre du jour. Fabre, blessé mortellement, également. Ces deux derniers étaient les bons amis qui, le matin, tout joyeux, étaient revenus de la cueillette d'oseille pour la soupe qu'ils avaient faite avec tant de plaisir, et qui ne fut mangée par personne.

Ces deux bons garçons sont morts dans l'ardeur du combat, ils sont morts heureux. Le sergent de la 2me compagnie fut aussi grièvement blessé.

A 4 heures on sonna la retraite. Le drapeau des ambulances fut hissé ; ordre fut donné de cesser le feu ; en hâte je m'approche de la tranchée, j'eus un moment de terrible angoisse et de rage. Tous ces pauvres enfants, qui le matin étaient encore si gais, remplis d'enthousiasme et d'amour pour la liberté, ont donné si généreusement leur vie pour sauver la République, espérant encore sauver la France.

Nous relevâmes nos blessés et nos morts sous les balles ennemies. Quoique le drapeau de la Croix-Rouge fut levé, les Versaillais tiraient toujours isolément, plus d'une fois il fallut nous coucher en tenant dans nos bras notre précieux fardeau, pour le garantir d'être tué une seconde fois. (Ces malheureux avaient beaucoup de courage pour tuer leurs frères, ils avaient été chauffés à blanc, on leur avait dit tant de mal et de mensonges de ces *pauvres Parisiens*.

Les Versaillais n'étaient pas nombreux à la prise du Fort, mais ils se déployaient en tirailleurs, ce qui était un grand avantage sur les nôtres, qui combattaient en ligne, képi rouge sur la tête, point de mire à une distance aussi rapprochée.

La lutte avait été terrible, trois fois notre drapeau tomba, la troisième fois il se releva et cette troisième fois il fut vainqueur. Les Versaillais abandonnèrent le terrain et fuyaient de toute part.

Lorsque nous allâmes au château, quel horrible tableau nous avions sous les yeux, étendus pêle-mêle, les morts et les blessés avaient été déposés dans les chambres au rez-de-chaussée, il y avait des nôtres, des gardes nationaux, des Vengeurs. Cela faisait mal à voir, au milieu de cette tuerie nous étions trois femmes, la cantinière des Vengeurs et une de la Garde Nationale, laquelle fut grièvement blessée. Ces deux vaillantes citoyennes ont bien mérité de l'humanité, elles eurent un grand courage et furent admirables de dévouement. Moi, j'étais la troisième, le hasard m'a épargnée.

Nous avons puisé des forces nouvelles pour soutenir et aider nos malheureux amis, pour les transporter, et d'abord leur faire le premier pansement avant de les déposer dans les voitures d'ambulances ou sur des civières[1].

Malheureusement tout nous manquait, nous n'avions pas de bandes pour les pansements, nous étions obligées de faire boire ces malheureux dans de petites boîtes à cartouches. Malgré tout, ces mutilés ne proféraient pas une plainte, pas un regret ; ils souffraient, mais ils avaient l'air contents d'avoir repris le fort ; heureux de donner leur vie pour fonder une société plus juste et plus équitable. Pour nous tous, République était un mot magique qui allait faire accomplir de grandes et bonnes choses pour le bonheur de l'humanité. Vainqueurs d'un jour, ils entrevoyaient l'aurore nouvelle qui allait se lever sur la France pour le bonheur de chacun.

En revenant de l'ambulance nous trouvons enfin dans la rue notre fourgon qui était abandonné, il contenait toutes les choses promises, il était arrivé dans l'après midi. Au grand séminaire où se tenait l'état-

---

[1] La plupart d'entre eux furent atteints par des balles mâchées pour ma part j'en ai extrait quatre, elles avaient pénétré dans les chairs ; on ne pouvait détacher l'étoffe ni de la balle, ni de la plaie ; la fièvre se propageait rapidement et le blessé mourait vite. Les balles mâchées sont presque toujours mortelles. Lorsque nos blessés furent déposés dans les voitures nous les conduisîmes à l'ambulance d'Issy (asile des vieillards) dirigée par des religieuses, nous les laissâmes et nons leur promîmes de venir les voir dans la soirée.

major on n'avait pu remiser la voiture parce qu'il y avait des marches à monter.

Ayant remarqué la bienveillance des moines du petit séminaire, le commandant Martin et un capitaine sont allés demander la permission de faire entrer la voiture dans la cour, un moine de service n'avait pas l'air d'y consentir, « Parce que, disait-il, le fourgon est lourd, cela abîmera les pavés. » Le capitaine Letoux demanda à voir le directeur, qui vint ; le capitaine fit sa requête, le directeur était un peu hésitant, cependant, après avoir fait ses recommandations, il accepta. Notre voiture fut remisée dans une cour couverte, elle était en sûreté et nous sortîmes.

Quelle ne fut pas ma surprise de trouver ma mère, qui me cherchait dans la rue d'Issy.

— Mais, maman, que venez-vous faire ici ? vous ne pouvez pas rester, lui dis-je.

— J'étais inquiète et ton mari aussi, on dit des choses terribles à Paris sur ce qui se passe ici, je voulais savoir la vérité et s'il n'était pas arrivé quelque malheur.

— Vous voyez que tout va bien, lui répondis-je.

Je ne voulais pas lui raconter tout ce qui s'était passé naturellement, mais je lui conseillai de ne pas rester, sachant que la porte des remparts se fermerait à 7 heures et qu'après on ne passerait plus qu'avec un laisser-passer. La porte d'Issy étant close, elle ne pourrait plus repartir. Elle vint avec moi au petit séminaire, je lui fis prendre un peu de nourriture.

A ce moment-là, il y avait un grand tumulte, le

général en chef Cluseret venait de donner l'ordre de se hâter et de se mettre en ligne, les Versaillais recommençaient l'attaque, mais on refusa de lui obéir pour deux raisons, la première, qu'il avait trop exposé ses hommes dans la journée, ce n'était pas un combat qu'ils avaient eu à subir, mais un vrai massacre. La seconde, c'est qu'ils refusaient obéissance à un général qui se présentait en civil ; il était vêtu d'un habillement gris foncé et d'un chapeau mou ; à cette objection, il ouvrit son vêtement, fit voir son écharpe et sa carte de général. Il lui fut repondu que tous ici étaient à découvert, que la vie des hommes était tout aussi sacrée que celle de leurs chefs, qu'un général en chef devait être dans les mêmes conditions qu'eux. On avait assez eu à se plaindre dans cette triste journée.

Le général Cluseret quitta Issy, il fut remplacé par le général La Cécilia. En réalité, nous n'avions pas de généraux au moment de la reprise des hostilités. L'un était parti, l'autre n'était pas encore arrivé.

On sonna le clairon, tous les fragments de bataillons se réunissaient, les nôtres avaient maintenant ce qui leur fallait pour être en état de défense. Nous étions tous en rang dans la rue ; ma mère n'ayant pas voulu partir, s'était faufilée près de moi, elle ne voulait pas me quitter, mais à l'inspection, un officier s'aperçut de sa présence, l'obligea de sortir des rangs, je la suivis, le capitaine Letoux et notre commandant la conduisirent d'autorité à l'ambulance où étaient nos blessés, ils la recommandèrent. Ils voulurent que les religieuses répondissent de sa vie, le cas échéant; nous

nous embrassâmes et je repartis rejoindre les nôtres.

Notre bataillon ayant été très éprouvé dans la journée nos amis avaient été mis en réserve; les survivants qui avaient pris part au combat, n'allèrent pas au feu ce soir-là.

Nous sommes retournés au petit séminaire, cette fois nous y avons été très bien reçus, l'état-major était revenu là, j'étais toujours avec eux. Nous préparâmes le souper, on nous permit de manger dans le réfectoire, les pères nous avaient prêté la vaisselle nécessaire pour notre dîner, ils nous avaient même préparé des lits pour nous reposer si nous le désirions, pour moi, ils m'offrirent pour dormir, une petite chambre au rez-de-chaussée, très propre, que j'ai acceptée avec plaisir, car j'étais bien sale, j'avais grand besoin de faire ma toilette.

Quelle que soit leur opinion, ils ont été bienveillants pour nous ; malheureusement, nous n'avons pas pu profiter de leur offre. Lorsque nous étions en train de manger, nous reçûmes une décharge bien nourrie, toutes les vitres se brisèrent avec un fracas terrible, nous étions bombardés presqu'à bout portant, le séminaire tremblait sur sa base, c'était effrayant, les moines étaient épouvantés ; deux heures durant, nous avons été assaillis de toute part. Les Versaillais avaient eu connaissance de notre présence au petit séminaire, ils n'épargnèrent pas le couvent espérant nous atteindre. Nous pensions avoir été trahis. Il était environ 11 heures du soir lorsque nous descendîmes dans le jardin, presque tous les murs étaient ébranlés, criblés par les obus. Nous avions déjà bien des morts, soudain une décharge épouvantable vint nous assaillir, cette fois nous pensions que c'en était fait de nous. Nous allâmes voir au dehors, il y avait une terrible panique, dans la rue c'était un sauve qui peut, les balles atteignaient les soldats qui fuyaient, puis tout à coup, le calme se fit. A trois nous en profitâmes pour aller jusqu'à l'asile, voir nos blessés.

Il était alors minuit. Nous frappâmes à la porte de l'asile, on nous ouvrit avec assez de difficulté ; enfin nous entrâmes, dans une grande salle il y avait des lits sur lesquels nos blessés gisaient, plusieurs avaient déjà succombé, d'autres avaient des mouvements étranges, un autre avait reçu une balle entre les deux yeux, il n'avait pas repris connaissance, tout son corps était inerte, il avait la tête toute enveloppée de ouate, ses yeux seuls semblaient vivre, ils faisaient un mouvement continuel, c'était pénible à voir ; ils étaient tous horriblement blessés ; ceux qui avaient leur connaissance paraissaient heureux de nous voir, mais ils savaient qu'ils étaient perdus, malgré cela ils n'étaient pas tristes, ils acceptaient stoïquement la fin de leur existence, ils considéraient que c'était un sacrifice naturel, offert à la liberté. Nous étions vraiment plus tristes qu'eux. Lorsque nous les quittâmes, ils nous serrèrent la main bien affectueusement, je leur dis au revoir.

— Non, pas au-revoir, c'est adieu qu'il faut dire, il y a encore loin d'ici au lever du soleil. Alors nous aurons cessé de vivre, nous mourons avec confiance dans l'avenir, nous mourons heureux ! Rappelez-vous, petite sœur que les balles mâchées ne pardonnent pas.

— Dans la matinée nous reviendrons, leur dis-je, puis nous les quittâmes.

Je voulais voir ma mère, mais une religieuse me fit comprendre qu'elle se reposait, qu'il valait mieux la laisser tranquille jusqu'au matin, que je pouvais être sans inquiétude, qu'elle était très bien. Nous sommes donc partis.

Nous retournâmes au petit séminaire. Dans le village tout était calme. Nous pûmes constater tous les dégats produits par les obus versaillais, le séminaire n'avait point été épargné.

Nous passâmes le reste de la nuit à mettre de l'ordre dans nos affaires, nous allions aux nouvelles, nous apprîmes que la défense avait faibli, cependant le fort tenait bon.

Dès l'aurore nous reçûmes l'ordre d'établir un campement dans la grand'rue d'Issy pour protéger la retraite, le cas échéant, et préserver l'entrée de Paris.

Le général La Cécilia venait d'arriver, le colonel Lisbonne avec ses Lascars prit notre place au séminaire.

Dans la matinée du 1er mai, nous sommes allés avec le capitaine Letoux et le sergent Louvel à l'ambulance pour voir nos camarades. En arrivant on nous apprit que pas un seul n'avait survécu, ils étaient tous morts dans la nuit. Nous allâmes dans la salle, tous ces pauvres amis semblaient dormir. Quelle sinistre vision ! Vivrais-je cent ans que je ne pourrais oublier cette effroyable hécatombe.

Nous avons eu 72 hommes hors de combat, ils étaient tous morts.

Enfin nons quittâmes l'ambulance, le cœur navré. Ma mère revint avec nous, elle s'était beaucoup ennuyée cette nuit-là. Des obus avaient aussi atteint l'asile.

Dans le milieu du jour mon mari vint nous voir à Issy, où il est resté quelques heures.

Le 2 et le 3 mai l'occupation ne m'a pas manqué. Je soignais les blessés isolés, de pauvres gardes nationaux atteints dans la fuite, abandonnés au bord d'un talus ou d'un fossé. Dans ces conditions, j'ai trouvé un pauvre garde national qui avait eu la force de se traîner depuis le parc jusqu'à un chemin isolé, pas très éloigné des fortifications, retenant avec ses mains sa machoire qui avait été brisée par un éclat d'obus et qui tombait sur le haut de sa poitrine. Il était affreux de voir cet homme dans un tel état, ne pouvant parler, tandis que d'une main il tenait son menton, il eut le courage d'écrire de l'autre main son adresse, pour qu'on le conduisît chez lui.

Je n'avais rien pour le bander, je parvins à déchirer en morceaux mon mouchoir avec lequel je fis une bande, je lui ai relevé la partie inférieure de la machoire, je la lui ai bandée fortement et je l'ai couché sur le bord du chemin.

Au village où je suis retournée, je retrouvai mon mari qui n'était pas encore parti, il attela Mot d'ordre (notre cheval) et nous retournâmes chercher notre blessé. Mon mari voulut bien le conduire à sa famille;

tous trois dans la voiture, mon mari, ma mère et le blessé retournèrent à Paris.

Le 4 mai dans la matinée, nous quittâmes Issy pour retourner à Paris. Lorsque nous défilâmes, notre drapeau en tête, percé par plusieurs balles et entouré d'un crêpe noir en signe de deuil, notre tristesse enthousiasma la foule, dans les rues, sur les boulevards et particulièrement dans la rue de Rivoli, on nous jeta des fleurs et des branches de feuillage.

Cette manifestation était vraiment imposante, grandiose, je sentais en mon cœur vibrer la grande âme de Paris ; cette sensation sublime qui pénètre et vous transporte comme un rêve sur les ailes d'un avenir meilleur.

Paris fut grand pendant la guerre, il fut héroïque dans sa défaite.

En arrivant à la caserne on nous présenta les armes. Nous comptions 72 morts, le vide était grand. Nous parlâmes beaucoup du courage des absents, lesquels ne reviendront jamais !

Les cadavres de nos morts seront l'humus qui enrichira notre ample domaine, et nos neveux récolteront le fruit de nos sacrifices.

Le lendemain nous devions les enterrer.

CHAPITRE XXIII

Nous restâmes quelques jours au repos, puis le 10 ou le 12 mai le commandant Martin et la compagnie reçurent l'ordre d'aller occuper la Muette; lorsque nous arrivâmes au Château, les religieuses et les pensionnaires étaient partis. Il y avait un désordre horrible dans la cour; j'ignore dans quel état était l'intérieur, car je n'y suis pas entrée.

Nous restâmes deux heures seulement au château de la Muette. Nous fûmes remplacés par le colonel Lisbonne et ses lascars.

Nous reçûmes l'ordre d'aller occuper Passy. On installa l'état-major à l'école communale, et nos hommes dans les maisons environnantes, j'ai toujours suivi l'état-major. Nous pensions rester là jusqu'à notre triomphe ou notre perte; pour cette raison, mon mari vint nous rejoindre et se fixer à Passy avec ses employés. Il boîtait encore, mais il pouvait s'occuper du service de la victuaille, moi j'allais aux remparts avec les amis, chaque jour nous avions des morts et des blessés à relever, nous avions notre ambulance dans la rue de l'Eglise, je crois, car il peut se faire que je me trompe ou que le nom de la rue soit changé depuis ce temps-là. Notre service pour les blessés aux tranchées était un peu défectueux, à force de perdre des nôtres, il manquait de personnel. Un certain jour le combat fut terrible, deux d'entre eux des soldats aguerris devinrent fous.

J'ai dans ces jours-là accompli des tours de force, dont je ne me serais jamais cru capable ; l'excitation nerveuse poussée au suprême degré transforme l'être ; soutenues par une idée, les forces se multiplient extraordinairement. Manquant de voiture d'ambulance, notre commandant avait réquisitionné deux omnibus, j'avais peu d'aides, j'ai pu seule traîner un pauvre blessé, un homme grand et fort, le tenant avec force sous les bras, le monter en arrière avec peine il est vrai, car je craignais d'augmenter sa souffrance, je parvins à le hisser et le faire entrer dans le véhicule, je l'installai sur la paille et je lui mis un oreiller sous la tête ; il me remercia par un doux sourire. C'était tout ce qu'il pouvait faire.

Pendant qu'un ambulancier était allé à un autre blessé, je préparai une place pour le recevoir, puis nous les conduisîmes à l'ambulance.

Je dois dire que je suis petite de taille, plutôt faible. Chose surprenante, toute ma vie j'ai été timide et souvent malade, ne sortant presque jamais, mais pendant huit mois de lutte, exposée à toutes les misères, aux intempéries, manquant de nécessaire, jamais je ne me suis aussi bien portée que pendant cette période.

Le 20 et 21 mai 1871. Tous nos morts avaient été déposés au parvis de Notre-Dame. Ceux de notre bataillon qui étaient décédés dans l'ambulance de Passy, avaient été dirigés sur Paris. Il y avait, je crois, ce jour-là, 17 corbillards à la file. Nous retrouvâmes dans la salle qui servait d'amphithéâtre, cinq des nôtres qui n'avaient pas été reconnus. Le capitaine Letoux et moi, nous nous mîmes en devoir de faire leur toilette et de les envelopper dans un drap, les amis les déposèrent dans la bière ; à la sortie du parvis chaque corbillard était orné de drapeaux rouges, un drap rouge couvrait le cercueil. Le drapeau des défenseurs de la République suivait le cortège, il y avait des morts de plusieurs sections ; celles-ci avaient aussi leurs drapeaux.

Le parcours et le défilé fut long. C'était vraiment imposant, partout sur notre passage et à toutes les fenêtres se montraient des figures sympathiques, on nous jetait de l'argent pour les ambulances. On me jeta à moi-même plusieurs pièces de 2 et de 5 fr., même quelques pièces d'or enveloppées dans du papier. J'ai déposé le tout dans la caisse de secours aux blessés. Il y avait parmi nous plusieurs membres de la Commune qui s'étaient joints au cortège. Nous gravîmes la rue de Charonne jusqu'au Père Lachaise. Dans le cimetière plusieurs fossoyeurs creusaient une grande tranchée où l'on déposa toutes les victimes de M. Thiers et de ses suppôts.

Plusieurs discours furent prononcés, particulièrement par Ostyn, membre la Commune, délégué généralement dans de pareilles circonstances.

Dès que tout fut fini, nous sommes revenus à l'Hôtel de Ville ; de là nous avions l'intention de prendre le bateau qui devait nous conduire au Point du Jour, pour nous rendre à Passy où notre bataillon était campé, mon mari était avec eux. Notre bateau venait de partir. Quelques-uns de nos amis se trouvant à Paris allèrent faire des emplettes. Ayant 15 minutes à attendre, je voulus rester sur le ponton jusqu'à leur retour. J'étais si fatiguée, il y avait si longtemps que je n'avais pris de repos que je me suis endormie.

Enfin un bruit se fit autour de moi, je me réveillai en sursaut, j'étais transie de froid. C'étaient les camarades qui venaient m'apprendre qu'il était inutile d'attendre plus longtemps, qu'on leur avait dit que le service des bateaux-mouches était interrompu. Ils me conseillèrent d'aller coucher chez moi ou chez ma mère, qu'eux s'arrangeraient. Le lendemain matin entre 4 et 5 heures on sonnerait le clairon au coin de la rue de Beaune, je les rejoindrais et ensemble nous retournerions à Passy.

J'avais eu froid, à dormir ainsi au bord de l'eau. Quelques instants après qu'ils m'eurent quittée, tout d'un coup j'entendis des rumeurs étranges, et je vis du côté d'Auteuil comme des lueurs d'incendie ; chancelante et émue je gagne l'Hôtel de Ville. Je m'adressai à la première personne venue pour avoir des renseignements. On me dit que le sevice des bateaux était interrompu, parce qu'il y avait du nouveau du côté d'Issy, et que les Versaillais étaient aux tranchées.

Nous avions eu si souvent de fausses paniques, que je ne pouvais y croire.

Enfin je résolus d'aller chez ma mère, rue de Beaune, elle m'apprit que depuis deux jours tout était bien changé dans le quartier ; le poste de police qui était mitoyen de la maison où elle habitait était occupé militairement par la Garde Nationale. Elle me raconta que l'on avait tiré par une fenêtre dans la rue de Lille, qu'un garde national avait été tué, qu'à partir de cet instant les gardes nationaux ont exigé que les fenêtres fussent surveillées, ils avaient visité les maisons suspectes et fait promettre qu'aucune tentative de ce genre ne se renouvellerait. Ils avaient établi des postes de surveillance dans la rue de Lille, rue de Baune, rue de Bac. On disait aussi que les propriétaires du Petit St-Thomas, rue du Bac avaient conservé tous leurs employés pendant la lutte entre Paris et Versailles et les avaient armés jusqu'aux dents. (Les Magasins du Bon Marché n'ont rien fait de semblable.)

Après tous les renseignements donnés, ma mère m'obligea de prendre quelques moments de repos, me promettant de veiller et de me réveiller à la moindre alerte.

Toute habillée je me suis jetée sur un sofa où je n'ai pas tardé de m'endormir, depuis de longs mois je ne m'étais vraiment pas reposée. Depuis le 5 avril elles étaient rares les nuits données au sommeil.

A peine endormie, j'ai fait un rêve étrange, j'ose à peine le raconter, tant je crains d'être accusée d'exagération ou d'invraisemblance, pourtant c'est l'exacte vérité : Le peuple était vaincu, Blanqui et l'archevêque étaient condamnés à mort par la volonté de M. Thiers, lequel m'obligeait d'assister à cette horrible scène, à demi-réveillée, j'entendis un bruit, je croyais poursuivre mon rêve ; le bruit se rapprochait de plus en plus, des chaines semblaient traîner sur les pavés de la rue, je me réveille en sursaut, j'ouvre la fenêtre, j'écoute attentivement si le signal convenu se fait entendre, le jour paraissait à peine. Ce que je voyais était bien triste, tous les fédérés battaient en retraite ; les bruits de chaînes mêlés à mon rêve étaient bien la réalité, nos pauvres fédérés faisaient pitié, ils avaient l'air si malheureux, les yeux baissés, tenant les chevaux, par la bride, traînant derrière eux tout leur attirail de guerre, ce qu'ils avaient pu sauver, ne disant mot, le défilé dura assez longtemps, ils avaient perdu leurs dernières illusions !

Paris avait été envahi sur plusieurs points à la fois.

Ces fédérés venaient d'être attaqués à un bastion de Vaugirard, qu'ils avaient dû abandonner.

Ils se dirigeaient du côté de l'Hôtel de Ville. Ils savaient bien qu'ils n'avaient rien à attendre de bon désormais ; à partir de cet instant, ils désiraient combattre et mourir pour fonder la République.

Le cœur serré, je quittai ma mère ; je n'avais plus qu'elle au monde, mais je m'étais engagée, je devais remplir mon devoir. Qui sait, peut-être, ne nous reverrons-nous jamais.

— Adieu, chère maman, ayez du courage, lui dis-je.

Pauvre mère, elle en avait eu si souvent besoin dans sa vie. Je ne doutais pas d'elle, mais elle voulait me suivre dans la lutte suprême.

Je voulais absolument pénétrer à Passy, j'espérais

ncore y parvenir. Je désirais retrouver mon mari,
uoiqu'on m'eût dit qu'il était mort, je supposais qu'il
 avait beaucoup d'exagération dans tout ce que
entendais raconter.

— Lorsque tu étais un enfant, me disait-elle, sou-
iens toi que je t'ai emmenée partout, je veux aller où
u iras, mourir où tu mourras.

Nous mettions, toutes deux, bien au-dessus de nous
humanité, nous n'étions qu'une petite parcelle de la
rande famille humaine. Tout infiniment petits que
ous étions, nous pouvions encore rendre quelques
ervices aux vaincus.

Elle insista pour m'accompagner, mais quand nous
mes arrivées à la place de la Concorde, il ne lui fut
as permis de me suivre, il y avait des gardes natio-
aux fédérés qui cernaient la place.

Ils avaient l'ordre de ne laisser passer que les per-
onnes munies de leur carte d'identité ; brusquement et
nvolontairement, je me suis trouvée séparée de ma
ère. Le cœur serré, les larmes aux yeux je me suis
irigée du côté de la manutention ; une fois seulement,
e me suis retournée à son appel désespéré, je lui ai
nvoyé un baiser, car je ne voulais pas affaiblir son
ourage par la vue des larmes qui remplissaient mes
eux. Il me fallait un effort de volonté bien grand,
our voir ainsi ma mère bien aimée s'en aller seule et
ans espoir.

A la manutention on ne pouvait passer, les coups de
eu faisaient rage, on me força de revenir sur mes pas
t à grand peine j'ai pu sortir du cercle dans lequel je

m'étais engagée : « Sortez, citoyenne ! Sortez au plus vite, la lutte est engagée entre nous et les Versaillais ; c'est inutile, vous ne pouvez pas passer, Passy est pris, ce n'est plus qu'un sauve qui peut. »

Dès que je fus sortie de cette ligne pour obtenir des renseignements, je suis allée à l'Hôtel de Ville où j'espérais retrouver quelques amis de la veille.

J'appris que Passy avait été pris au soleil levé, et sans coup férir, sans grande difficulté, ce qui ne m'a pas étonnée ; la défense des remparts était tellement défectueuse, ils n'étaient gardés qu'avec des pièces de canons démontées ; les pièces étaient misérables, sans munitions, le peu de gargousses qu'il y avait n'étaient pas de calibre.

Entre Paris et Passy, les Versaillais avaient groupé tous les agents de police, qu'ils avaient enrégimentés dans la garde nationale, ils firent un cercle de feu sur les fédérés qui cherchaient à fuir de Passy. Les fédérés à leur tour, tiraient sur toute la ligne ; se sentant perdus et trahis, ils entrèrent en une grande confusion ; beaucoup furent tués par les leurs sans que ceux-ci le sussent ou le voulussent.

La veille, j'avais laissé mon mari, mes amis et des malades dans l'ambulance de Passy. J'étais bien désolée que cela finît ainsi, comme j'ignorais ce qui se passerait le lendemain, on m'avait persuadé que c'était accomplir mon devoir que d'accompagner nos morts au cimetière, et j'y étais allée.

J'ai su plus tard que les soldats guidés par le sentiment chrétien avaient envahi l'ambulance de Passy, que pour l'exemple ils avaient achevé les blessés. (Leçons de choses pour les survivants).

En arrivant, je vois à la place de l'Hôtel de Ville, une personne habillée mi-partie en garde national, jupe courte en drap, képi sur la tête, assise, ayant devant elle une petite table sur laquelle il y avait une boite : « Pour les blessés, s. v. p. »

Elle m'appelle : Citoyenne que cherchez-vous ? En deux mots je la mets au courant de ce qui se passait.

Elle me proposa de faire partie de leur groupe. « Cela n'est pas possible, lui dis-je, j'ai promis à mes amis de ne jamais les abandonner, assurément il y en a parmi ceux qui sont ici, puisqu'ils étaient avec moi hier au soir. »

Cette personne était Louise Michel je ne la connaissais pas. Je ne connaissais pas davantage le mouvement féminin, je n'avais jamais mis les pieds dans une réunion publique.

Au moment où je parlais à Louise, un groupe composé de cinq de mes amis traversaient la place. Ils m'aperçurent, ils vinrent vers moi, heureux de me retrouver. Louise me réitéra sa proposition.

Je ne peux quitter mes compagnons, au revoir.

Ceci se passait vers les deux heures de l'après-midi, deux de nos hommes me proposèrent de m'accompagner chez ma mère, les trois autres, ayant à faire rue de Grenelle St-Germain, devaient venir nous rejoindre.

Ma mère, après m'avoir quittée, était rentrée chez elle, triste et résignée. Elle fut heureuse et étonnée de ma présence. Sa maison était occupée militairement par la garde nationale. Un des gardes me demandait si je pouvais lui garantir que personne ne tirerait sur eux.

— Je ne le crois pas, lui dis-je, mais pour plus de sûreté, je vais monter chez tous les locataires. Tous me jurèrent qu'on ne tirerait pas par les fenêtres. J'ai donc dit à l'officier de service que je répondais sur ma vie des habitants de cette maison. Cet engagement n'était pas peu de chose en ce moment-là.

Vers les trois heures et demie nous quittâmes ma mère. Lorsque nous passâmes sur le trottoir et sous les fenêtres du Petit St-Thomas, trois coups de feu partirent, nous étions visés. Heureusement les balles ricochèrent et nous ne fûmes pas atteints. Mes amis étaient furieux et criaient : On assassine les passants au petit St-Thomas.

Dans leur excitation (bien naturelle), ils ébauchèrent un semblant de barricade. Je les en ai dissuadés.

— C'est absolument inutile de faire quoi que ce soit dans ce quartier, leur dis-je.

Ils me comprirent et cessèrent immédiatement. Voilà tous les crimes que j'ai commis dans le VIIme arrondissement.

J'ignorais absolument ce qui s'était passé dans le quartier, n'étant revenue que quelques minutes, le 28 mai, dans l'après-midi. J'ai appris qu'il s'y était passé des choses terribles. Les habitants s'y étaient exposés, on ne tue pas impunément derrière les persiennes, les premiers passants venus,

La vie d'un homme est sacrée, chacun a le droit et le devoir de la défendre.

De la rue du Bac nous nous sommes dirigés par hasard du côté du Carrefour de la Croix-Rouge, nous cherchions nos amis, nos ambulances. Il s'y était passé des choses terribles, des pans de murs tenant à peine étaient à demi-brûlés. Nous étions à mille lieues de penser à un tel désastre. La place était absolument déserte.

Nous ne nous sommes pas attardés, nous sommes redescendus du côté de la Seine, nous avons pris le Pont St-Michel. Nous sommes allés à l'Hôtel de Ville. Nous avons demandé si l'on avait vu des défenseurs de la République. Il nous fut répondu que notre général occupait la place Vendôme, et qu'assurément nous en trouverions quelques-uns qui avaient pu s'échapper de Passy.

Nous y sommes allés ; en effet il s'en trouvait une vingtaine. Dombrowsky était bien triste et bien découragé. Il nous donna l'ordre d'être à la Place le lendemain, à 5 heures du matin.

Quelques heures plus tard, il était arrêté, des bruits de trahison avaient circulé sur son compte. En vérité voici ce qui s'était passé. Les défenseurs ne pensaient pas que la situation fût enlevée aussi vite. Vers les deux heures, il y eut une panique, on chercha Dombrowsky, on ne le trouva pas, quoique peu de temps avant il fût à son poste. Voyant que rien n'était à craindre, il était allé manger au Cours la Reine. Le malheur voulut que ce fut à un mauvais moment. Il est difficile de combattre et de ne jamais manger.

Au Comité, personne ne crut à sa culpabilité. Il passa la nuit à l'Hôtel de Ville, fut mis en liberté dès l'aube. Il dit à Antoine Arnaud et à ceux du Comité : Je vous ferai voir comment meurt un traître. Tous lui serrèrent la main bien affectueusement, et voulurent le persuader qu'ils ne croyaient pas qu'il fût un traître. Il partit. Nous devions le rejoindre au poste de combat de la rue Mirrah. Là, la lutte était ardente, terrible, paraît-il. A la hauteur du boulevard Magenta, nous vîmes un cortège. Des amis portaient à quatre, un brancard sur leurs épaules. C'était Dombrowsky qui était mortellement blessé. Ils firent halte. Dombrowsky nous serra la main et nous dit : « N'allez pas de ce côté. tout est fini ! vous seriez massacrés pour rien. Je vais mourir, mais ne cherchez pas à me venger, pensez à sauver la République. Les hommes ne comptent pas. » Il était fatigué. Il nous dit : « Adieu mes amis ! » On le conduisit à l'hôpital Lariboisière, où il expira deux heures après. Il s'était battu en désespéré, il eut deux chevaux tués sous lui, ses dernières paroles furent : « Voilà comment meurt un traître. »

Nous avons continué notre chemin, mais il était impossible d'aller plus loin que le boulevard extérieur.

Nous sommes allés jusqu'à la gare de Strasbourg, laquelle était occupée militairement par l'armée de Versailles, les soldats étaient armés, mais ils se tenaient dans l'intérieur. La place était absolument déserte. Nous décidâmes de retourner à l'Hôtel de Ville. Arrivée là, je suis allée trouver Delescluse, je lui ai dit ce que j'avais vu, et ce que je savais du faubourg Saint-Germain. Il avait les larmes aux yeux :

— Chère amie, ce matin je me leurrais, je croyais pouvoir compter sur 10 000 hommes, nous sommes à peine 600 ; la dispersion porte un grand préjudice à la défense, les choses prennent une mauvaise tournure, il nous faut beaucoup de courage, beaucoup d'énergie, pour aller jusqu'au bout. Mais il le faut, dussions-nous tous périr.

— Vous pensez la lutte désespérée ?

Il ne me répondit pas.

— Mais si on faisait sauter les ponts de la Seine?

Delescluse sortit lentement sa montre de son gousset et soupira :

— Pauvre amie, depuis onze heures j'attends avec impatience le plus dévoué, le plus fidèle et le meilleur de mes vieux amis ; il est près de deux heures, et il n'est pas encore arrivé.

— Votre idéal a du bon, mais je n'y puis rien.

Nous nous quittâmes en nous serrant la main. La douleur était peinte sur son visage.

Ce soir-là, mes amis sont restés de service à la place de l'Hôtel de Ville, moi je suis allée coucher rue de la Verrerie, chez une dame de mes amies, dont le mari était de service.

A tout instant des estafettes nous apportaient de mauvaises nouvelles. Le bruit circulait que les Versaillais allaient bientôt envahir l'Hôtel de Ville ; ils étaient assez nombreux sur la rive gauche, ils n'avaient que les ponts à traverser ; puis toute la valetaille du faubourg St-Germain donnait la main aux soldats. Ils étaient enrôlés par leurs maîtres et armés pour sauver leurs propriétés, eux, les esclaves, étaient prêts à massacrer leurs frères (le peuple). J'ai connu des lâches qui ont passé tout le temps du siège, cachés dans une cave pour ne pas servir leur pays. Un entre autre qui était garçon de café, dans la rue de Beaune, en face du poste de police, n'est sorti de sa cave que pour dénoncer ma mère et moi, et plusieurs autres, sans doute, simplement parce que plusieurs fois je lui ai dit : Mais vous êtes un vieux garçon, pourquoi n'allez vous pas aux remparts ? c'est votre place, il y a tant de pères de famille qui y vont. Vous n'avez pas payé votre dette sociale, payez au moins votre dette patriotique.

Cet homme avait environ 35 ans, il était fort et robuste, mais il suintait la mollesse et la lâcheté. Pour ces paroles il nous a dénoncées à la prévôté du 7me secteur. Ce qui me valut à moi l'honneur d'une condamnation à mort par le conseil de guerre du 7me secteur. Je fus accusée de choses que je n'ai jamais faites, par exemple : d'avoir été à la Cour des Comptes pendant les évènements tragiques qui s'y sont passés; je n'ai jamais été de ce côté dans ces moments-là.

Le service des Défenseurs de la République ne s'est pas effectué sur la rive gauche. Neuilly, Issy, Auteuil, Passy, Hôtel de Ville, la Bastille et ; voilà notre parcours, il m'était donc impossible de me trouver dans ce quartier, sauf deux heures environ que j'ai citées plus haut, lorsque j'ai failli être tuée par les employés du Petit St-Thomas ; mon seul crime était d'avoir passé sous les fenêtres closes du magasin, lesquelles m'intérressaient peu.

Je n'avais qu'une idée, celle d'être utile et aider à sauver la République.

Dans l'après midi, nous arrivâmes prendre nos positions, boulevard Beaumarchais N° 3. Dans cette maison tous les habitants étaient terrifiés; des vieillards, des enfants étaient descendus dans les caves. Cela faisait pitié de les entendre. Tout le monde a été bienveillant pour nous. Dès notre arrivée, on a mis à notre disposition autant de matelas qu'il était nécessaire pour passer la nuit.

Nous nous installâmes dans le vestibule de l'immeuble. Nous avons été bienveillants avec les habitants de cette maison. Nous leur avons juré que rien ne serait tenté contre eux, si on ne nous faisait aucun mal, promesse qui fut tenue. Il y avait une pauvre vieille femme de 83 ans qui ne se sentait en sureté que lorsque j'étais auprès d'elle.

Nous n'étions plus qu'un très petit nombre de Défenseurs de la République. La plupart des nôtres avaient été arrêtés à la prise de Passy, d'autres grièvement blessés, avaient été massacrés dans les ambulances. Les soldats de l'armée de Versailles se ruèrent comme des brutes sur leurs frères, les fédérés ; au premier moment ils étaient tous ivres du carnage. Nous savions que nous étions vaincus, nous étions décidés à mourir pour notre cause jusqu'au dernier, la vie était si peu de chose dans ces moments-là, pour nous (je crois qu'on s'habitue plus facilement à l'idée de la mort, qu'à lutter pour conserver la vie).

Notre petit groupe s'étant formé à la place de l'Hôtel de Ville où il n'y avait plus rien à faire, nous ne savions trop où diriger nos pas ; il nous était impossible de retourner en arrière, mourir pour mourir, nous n'avions qu'à marcher en avant.

Nous n'avions plus qu'un capitaine, quelques sous-officiers comme chefs, c'était tout. Ce capitaine nommé Milliet prit la direction et me remit le drapeau que nous avions gardé le 20 mai, lors de l'enterrement de nos amis, un sous officier m'accompagna et nous partîmes. Avec assez de difficultés nous arrivâmes à la Bastille. La chaleur était excessive, le ciel semblait orageux. La place était déserte et avait un aspect assez étrange, tout était silencieux, triste, on sentait que des choses graves se passaieut, l'atmosphère était pleine de mystère. De temps en temps un coup de feu se faisait entendre.

Lorsque nous fûmes installés, nous allâmes nous rendre compte de la situation.

Au coin de la place Bastille et de la rue St-Antoine, il y avait une barricade ; là, nous retrouvons deux des nôtres, deux artilleurs, ils nous racontèrent ce qui s'était passé à Passy, tous deux disaient que tout le bataillon qui était dans cette place avait été fait prisonnier, et plusieurs avaient été fusillés, que mon mari était du nombre des morts.

Ils nous dirent aussi que dans la matinée on avait tiré des coup de feu sur eux, du côté de la rue Lesdiguières.

Peu d'instants après cet entretien, nous reçûmes de toutes parts des balles, on tirait sur nous depuis les tourelles de l'église St-Paul. On se mit sur la défensive. Un des deux artilleurs pointa la pièce, qui, mal équilibrée, chancela au moment où il y mettait le feu, et le pauvre garcon reçut toute la décharge en pleine poitrine ; nous nous empressâmes de le relever et de le conduire dans l'ambulance la plus rapprochée. Cet homme fut un véritable héros. Il n'avait pas le moindre effroi, ni la moindre faiblesse ; sa première parole fut pour exprimer sa joie de donner sa vie pour aider à la fondation de la République et pour la cause juste de l'humanité : « Vive la République, s'est-il écrié. Chère compagne, me dit-il, j'ai encore une heure à vivre, restez près de moi, permettez-moi de mourir entre vos bras, ne m'adandonnez pas et jurez-moi que si vous survivrez, vous chercherez ma femme bien aimée, vous lui direz comment je suis mort pour notre sainte cause, et que ma dernière pensée fut pour elle ; voici son adresse. »

Pendant une heure, assise sur les planches d'uue salle d'ambulance, j'ai gardé ce cher mourant couché sur mes genoux, n'osant faire un mouvement de peur d'aggraver sa souffrance ; il fut gai jusqu'à son dernier souffle. « Soyez patiente, me dit-il, encore quelques minutes et tout sera fini. » Je l'encourageais de mon mieux pour qu'il mourût heureux. Il me pria de lui donner un baiser fraternel sur le front, ce que je fis, il me remercia, il eut un dernier soupir et tout fut fini !

Je ne l'ai quitté que lorsque je fus certaine qu'il avait

cessé de vivre. Lorsqu'on le releva pour le mettre sur une civière, j'étais inondée de son sang. Il avait eu les intestins perforés par la mitraille, le sang sortait de ses entrailles d'un jet continu. Il n'eut pas une seconde de défaillance. Nous avions pensé que nous assisterions à son enterrement ; mais dans les révolutions il n'y a pas de lendemain, c'est toujours l'inconnu.

Le lendemain de cette triste journée, presque tous les blessés furent massacrés dans cette ambulance. Ce héros inconnu avait eu le bonheur de mourir dans son rêve, il n'eut pas la douleur de voir des soldats ivres de carnage, massacrer sans merci leurs frères impuissants à se défendre.

Je suis retournée à nos amis. Pendant mon absence ils avaient eu à repousser des attaques, ils avaient reçu des balles en assez grand nombre, cependant peu après mon retour un calme relatif se produisit, tout semblait se reposer, mais à 11 heures du soir le bombardement recommença. C'était terrible, tous les habitants criaient, pleuraient ; la maison tremblait sur sa base, puis le calme se produisit de nouveau, toute la nuit se passa ainsi.

Quand vint le jour, quel affreux spectacle ! Les maisons étaient endommagées du côté de la rue St-Antoine. Toutes les vitres étaient brisées au chemin de fer de Vincennes. On nous envoyait de la Seine des fulminates qui incendiaient.

Tout à coup un bruit formidable se fit entendre ; c'était un immeuble qui s'écroulait au coin du boulevard Richard-Lenoir. Au même instant le kiosque de la Bastille, côté pair, était en flammes. De tous les côtés la mitraille nous assaillait.

Nous cherchions à rallier quelques amis sur la place. L'idée me vint de hisser notre drapeau sur le sommet de la barricade du centre pour les rappeler à nous. La place en cet instant avait quelque chose de magique, d'infernal, digne de l'enfer de Dante. Cette place était sublime d'horreur, un vent terrible vint à souffler, un soleil brillant nous éclairait; la mitraille, les balles et tout le tintamarre d'un effroyable combat sévissaient de tous côtés. Des nuages de poudre se répandaient dans le ciel azuré. Des maisons étaient incendiées par des obus envoyés par l'armée versaillaise; du milieu de cet embrasement sortait comme une apothéose le génie de la liberté affranchissant le monde.

Lorsque nous montâmes sur la barricade je m'empressai de faire flotter notre drapeau, un de mes amis voulut me suivre, entendit un bruit sourd se diriger de mon côté, il voulut pour m'éviter la balle fatale qui devait m'atteindre me tirer de côté, ouvrit les lèvres pour me dire: V...! La balle lui coupa la parole, pénétra par la bouche, il fut foudroyé.

Nos ennemis visaient le drapeau que j'avais hissé, je puis dire: il est mort à ma place. Le jeune homme tué à mes côtes était un fils de bonne famille, un Zouave d'Afrique. Ayant fait la campagne de 1870 avec Garibaldi, dans l'armée de la Loire, après la signature du traité de paix avec la Prusse, comme beaucoup d'autres, il était à la dérive; il vint avec plusieurs braves défenseurs de la France, offrir son courage et sa vie au service de la République menacée par Thiers & Cie. Cet homme avait combattu en brave pour sa patrie, il est mort en héros pour sauver la République.

Je n'avais pas le droit d'avoir de défaillance ; je résolus de lui faire des funérailles, dignes de son dévouement à la cause qui nous est chère. Quelques amis et moi, nous détachâmes notre drapeau de sa hampe pour couvrir notre ami, nous demandâmes à un marchand de nous procurer un brancard, ce qu'il fit ; nous conduisîmes alors notre héros à l'amphithéâtre des Quinze-Vingts (hospice des aveugles) où ses noms et qualités furent enregistrés aux archives de l'administration.

La place de la Bastille n'était pas encore prise. Nous apprenions aussi que l'Hôtel de Ville avait sauté la veille, quelques instants après que nous eûmes quitté cette place.

CHAPiTRE XXIV

Etant retournés à la Bastille, nous retrouvâmes nos
amis assez bouleversés, le cercle de feu commençait à
se resserrer de plus en plus, nous n'avions plus ni
vivres ni argent. Les amis avaient faim! nous ne
savions que faire. Toutes les boutiques et les maisons
étaient absolument closes. Le service des vivres et de
la solde ne s'effectuait plus pour notre bataillon depuis
la prise de Passy. Après l'explosion de l'Hôtel de Ville,
la commune s'était réfugiée au 11me arrondissement.
Nous décidâmes de déléguer le capitaine M..., qui dut
aller à la mairie du 11me arrondissement et expliquer
les faits, les amis voulurent que je l'accompagne, ce
qu'il accepta avec plaisir. Nous nous comptâmes et
nous partîmes. A la Mairie il y avait foule : après
quelques minutes d'attente, M... me dit: « Restez assise,
je vais tâcher de me faufiler, cela ira plus vite. »

J'ai attendu assez longtemps, la salle se vidait;
voyant qu'il ne revenait pas, j'ai pris la résolution
d'entrer, il était parti. J'ai trouvé Delescluse, je lui ai
dit ce qui était arrivé; en effet, M... avait touché l'argent, un effectif assez élevé, nous n'avions pas touché
de solde depuis six jours! Je ne sais ce qui est arrivé,
a-t-il été arrêté, a-t-il pris la fuite, toujours est-il qu'on
ne l'a pas revu et que nous sommes restés sans le sou.

Je n'ose croire que cet homme nous ait trompés en un
pareil moment !... Peut être a-t-il été tué !

Lorsque je revins seule et sans argent, on m'a blâmée
de ne pas l'avoir accompagné à la caisse !

Quelques-uns des nôtres se fâchèrent ; nous ne restions qu'une quinzaine, triste épave de notre bataillon.

Au boulevard Beaumarchais No 3, en face d'où nous
étions campés, il y avait, à l'étage supérieur de cette
maison, une personne qui me fit un signe. Je suis
montée. Cette dame me dit :

— Voulez-vous quitter la place de la Bastille et
rester avec nous ? je vous donnerai des vêtements
nécessaires, car maintenant la lutte est inutile.

Je refusai et je dis que nous n'avions pas mangé
depuis deux jours, que nos amis avaient faim ! elle
m'offrit une collation. J'ai accepté à condition que les
cinq camarades qui m'attendaient pussent en profiter ;
aussitôt on les fit monter, on nous donna du pain et
du fromage, et un verre de vin. Notre collation finie.
nous remerciâmes. Cette personne me réitéra sa proposition de rester, j'ai refusé, elle me reconduisit à la
porte, et me remit 20 francs dans la main pour nous
et les amis absents. Nous étions découragés, nous
étions si peu nombreux ! Cependant nous descendîmes
le quai du côté du *grenier d'abondance*. J'ai dit que les
lignards s'étaient rendus maîtres de cette place en se
faufilant par les rues étroites et en pénétrant par les
maisons de la rue Lesdiguières et gagnant les toits du
côté du quai. Ce vaste bâtiment était occupé par les
fédérés et quelques volontaires, les gardes nationaux

étaient tués sans qu'on se rendit compte d'où partaient
les coups. Enfin, on s'aperçut que le corps principal
était envahi par derrière et par dessus. Nous arrivions au
moment où l'on constatait le fait, nous pénétrâmes
dans l'intérieur. On nous fit voir approximativement
toutes les richesses de victuailles, emmagasinées dans
ce sanctuaire. On se rappells combien de pauvres êtres
sont sous terre, morts de faim et de misère, tandis que
dans ce grenier il restait encore entassé des blés et
des denrées de toutes sortes, de quoi soutenir un troisième siège. Les fédérés se voyaient perdus n'ayant
plus devant eux que la Seine, où ils n'avaient pas
même l'espérance de se sauver, car là aussi, il y avait
des Versaillais pour les traquer. Réduits au désespoir,
et ne voyant nulle issue qu'en arrêtant par une barrière
infranchissable, la poursuite de ceux qui, invisibles,
leur tiraient dessus de tous côtés, ils se décidèrent
enfin à mettre le feu à cet immense bâtiment, dont les
murs intérieurs étaient déjà perforés; un massacre
épouvantable aurait été perpétré par les troupes si les
insurgés n'avaient eu recours à cette mesure extrême.
Mourir dans les flammes n'était pas pire que d'être
mis en morceaux ou fusillés.

Quand à nous, nous n'avions fait qu'une courte
apparition au boulevard Bourdon, nous avions espéré
y trouver des nôtres. N'ayant vu aucun ami, nous
revînmes à la Bastille. Toujours portant le drapeau, je
suis allée avec mes amis à Picpus; nous n'avions
qu'une pièce de canon que traînaient les camarades,
on tirait sur nous du côté du couvent ; alors ils mirent

la pièce en batterie, bien résolus a nous défendre, mais lorsqu'ils voulurent charger, nous n'avions que des gargousses qui n'étaient pas de calibre, nous avons dû renoncer à nos projets de défense et nous avons quitté l'endroit pour nous diriger du côté du boulevard de Belleville.

Dans notre parcours nous avons été plus ou moins inquiétés par des coups de feu ; le plus fort de l'action était aux abords des terrains conquis par l'armée versaillaise. Cependant quand nous franchissions le boulevard, une balle vint atteindre un des nôtres qui fut blessé assez grièvement, mais non mortellement. Je n'avais plus rien pour le panser ; lorsque j'aperçus une pharmacie sur le boulevard, j'y entrai avec mon blessé, le pharmacien fit ce qui était nécessaire, puis il nous raconta ce qui se passait dans différents quartiers, il nous dit que nous avions tort d'aller plus loin, que cela était une témérité inutile, que nous serions massacrés sans pitié.

Il offrit de nous réconforter et me pria de changer de costume, il m'engagea à rester chez eux, je leur fis comprendre qu'il serait horrible de ma part d'abandonner mes amis.

— Nous avons lutté ensemble, nous mourrons ensemble si cela doit être, mais je ne veux pas les quitter, lui répondis-je, je n'ai qu'une parole, je leur ai juré que je resterais jusqu'à la fin, je dois y rester.

— Enfin, me dit-il, quittez au moins votre costume, je vous donnerai une robe de ma femme.

— Je ne puis accepter, car je veux continuer jusqu'à

la fin de la lutte, si je ne suis pas tuée ; en jupe longue
on ne peut marcher, puis je ne peux me décider à me tra-
vestir pendant que mes amis restent en costumes officiels.

Nous étions encore une dizaine ; ces braves gens ont
été admirables de dévouement, ils ont trouvé des
habillements pour tous, plus ou moins correctes ; pour
moi, comme je suis petite, c'était assez difficile, mais
le pharmacien se souvint que son attrappe-science
était à peu près de ma taille ; il lui demanda son pantalon, un gilet et une jaquette qu'il donna de bon
cœur ; le gamin était heureux et fier de donner son
costume à une citoyenne, comme il disait si gentiment.
La femme du pharmacien m'offrit à son tour un
plastron-chemisette, col et cravate, en un mot, j'étais
beaucoup trop chic pour ce que nous allions faire, et
surtout j'étais fort peu à l'aise pour me mouvoir dans
mon nouveau costume, qui m'était un peu étroit. A
côté de la pharmacie, il y avait une boutique de coif-
feur, j'y entre.

— Monsieur, lui dis-je, je désire que vous me cou-
piez les cheveux.

Il comprit pourquoi, cependant il hésitait :

— C'est dommage, madame, vous avez de beaux
cheveux, il faudra bien des années pour qu'ils reviennent comme ils sont, et encore, les cheveux coupés à
un certain moment ne reviennent jamais aussi beaux.
Puis voyez-vous dans deux ou trois jours, tout sera
fini, alors vous regretterez de ne plus les avoir.

— Je veux que mes cheveux soient coupés, lui
répondis-je.

Il les coupa donc, puis il me demanda ce qu'il fallait en faire. Il ne m'est pas venu à l'idée qu'il aurait pu me les acheter, nous étions si pauvres, cela nous aurait cependant rendu service.

— Faites en ce que vous voudrez, lui dis-je.

Cette opération me laissa tout à fait indifférente, car j'étais convaincue que nous serions tués ; ce qui m'a le plus impressionnée, c'est lorsque dans sa chambre, cette charmante personne, la femme du pharmacien m'aida à me déshabiller, je dois l'avouer, j'avais le cœur serré. Je portais 'à mon cou une petite chaine d'or avec un médaillon noir, cerclé d'or, dans lequel il y avait des cheveux de mes enfants. J'y tenais plus que tout au monde. J'ai laissé cette chaine et son médaillon entre les mains de ces excellentes personnes. ainsi qu'une bague que j'avais à mon doigt, les priant de bien vouloir, lorsque tout rentrerait dans l'ordre, faire parvenir à ma mère les dits objets, comme souvenir de ma dernière pensée pour elle.

C'est tout ce que je possédais, je leur indiquai l'adresse. Ils firent un paquet de mes effets, ils devaient les mettre en sûreté ; ils me dirent au revoir, espérant que je ferais une visite dans des temps meilleurs.

Depuis ce temps-là, bien souvent j'ai pensé à ces braves gens que je n'ai jamais revus. « Pourvu, me disais-je, que mes objets et mon costume n'aient pas été trouvés chez eux et qu'il ne leur soit arrivé aucun malheur. »

Lorsque nous fûmes ainsi équipés, je pris mon poignard (un cadeau que j'avais reçu de la 7ᵐᵉ compagnie pendant la guerre). Il était beau, mon poignard, mais il était plutôt un objet de luxe qu'une chose utile. Lorsque j'étais dans la Garde Nationale, je le portais à la ceinture, pendant les évènements, dans mon corsage, sur ma poitrine.

Nous quittâmes cette famille si bonne pour nous, ils gardèrent notre blessé. Nous promîmes à notre ami que nous viendrions le voir. Les évènements ne nous ont pas permis de tenir notre promesse. Je pris notre drapeau, et en tête de ma petite troupe, je me dirigeai sur le XXme arrondissement, où les membres de la Commune s'étaient réfugiés après la prise du XIme arrondissement. Nous arrivâmes au coin du boulevard où commence la rue de Paris (autrefois rue de Belleville). Je n'avais jamais été dans ces quartiers. La rue était très agitée, au moment où nous y pénétrâmes des barricades s'ébauchaient dans le style de 1848, toutes simplettes, sans prétentions artistiques, pour se défendre, enfin ! non construites telles qu'un brillant décor théâtral, comme il y en a eu dans certains quartiers de Paris, barricades sur lesquelles quelques gavroches avaient déposé des touffes d'herbes et de fleurettes des champs, qu'on allait visiter comme on visite un musée, un tableau de maître. Malheureusement elles ne servirent à rien.

A Belleville on circulait encore assez facilement ; nous y apprîmes qu'on avait vu passer quelques Défenseurs de la République, qu'ils étaient montés du côté de la mairie. On nous dit aussi que beaucoup de gens se sont réfugiés dans les caves, les femmes, les enfants et les vieillards étaient épouvantés. On tirait sur Belleville à boulet rouge ; on disait des choses horribles sur les atrocités commises par les Versaillais, plusieurs insurgés avaient pu s'échapper de cette fournaise. Cette fois nous étions à la porte de l'enfer !

Il y avait une ambulance à la salle de concerts, j'y suis entrée, il y avait encore pas mal de blessés, dont on préparait le déménagement, on racontait que les blessés de l'ambulance de St-Sulpice avaient été tous massacrés, avec le personnel et que le docteur Faneau qui voulait protéger son ambulance avait aussi été tué.

La rue de Belleville avait un aspect sinistre, de pauvres enfants pâles à l'air maladif erraient çà et là ; de pauvres êtres réchappés du siège qui avaient traîné bravement leurs misères, espérant des jours meilleurs. En récompense de leurs souffrances, M. Thiers, le premier représentant de la patrie, leur préparait une hécatombe qui aurait fait envie aux barbaries du moyen-âge, et qui a de beaucoup dépassé les horreurs de la Sainte-Barthélemy.

Nous quittâmes l'ambulance et nous remontâmes la rue, plusieurs maisons brûlaient ; ce quartier avait été affreusement bombardé, les obus avaient mis le feu aux maisons par les toits. Les habitants de ces rues n'avaient pas d'intérêt à l'incendie, comme l'ont prétendu tant de journalistes d'une certaine presse. Jusqu'à la dernière minute le peuple espérait toujours qu'il serait vainqueur, quel intérêt aurait-il eu à brûler les maisons dans lesquelles il habitait ?

Lorsqu'en passant nous vîmes au coin de la rue de

Belleville et d'une rue y aboutissant de braves pompiers, faisant tous leurs efforts pour éteindre le feu, ou au moins le circonscrire pour que tout le quartier ne devînt pas la proie des flammes.

Tout le monde sait aujourd'hui qu'ils ont été tous massacrés, sans en excepter un seul, sous prétexte qu'ils avaient mis du pétrole dans leurs pompes.

La nuit commençait à poindre, nous étions fatigués, nous allâmes à la mairie demander comment il fallait nous organiser, on nous dit que depuis le matin le presbytère était abandonné, une seule personne restait encore, la vieille servante du curé, qu'elle nous recevrait avec une carte du comité, qui nous fut remise ; elle ne put recevoir que quatre de nous, la place n'était pas très spacieuse, on m'offrit la chambre du curé, les trois autres défenseurs allèrent dans une chambre voisine ; l'un d'entre eux, un tout jeune homme presqu'un enfant, un Breton, (il se nommait Marie) lorsque je lui dis d'aller se coucher à coté, avec ses camarades, s'est mis à fondre en larmes, il avait peur qu'on ne me tuât dans cette maison, il voulut coucher dehors, en travers de ma porte, au cas où on viendrait pour me faire du mal, il me défendrait.

Samedi, 27. Nous étant reposés un peu, nous quittâmes le presbytère à une heure assez matinale ; notre petit groupe se reforma et nous marchâmes en avant ; autour de nous on entendait un bruit continuel de fusillade, un tintamarre effroyable. On bombardait toujours. Les barricades sont plus nombreuses que la veille, les fédérés du quartier s'organisent pour sa défense, il y une confusion aux barricades, les fédérés deviennent de moins en moins nombreux ; la journée est très agitée, pourtant place de la Mairie il y a une grande animation, beaucoup de morts sont placés dans la cour du bâtiment, des femmes, des mères, des enfants viennent fouiller dans le tas de cadavres, cherchant à découvrir un des leurs. Des femmes sanglottent, des enfants appellent leur père, il est difficile de reconnaitre les siens.

Dans la soirée nous avions élu domicile à une barricade dans le haut de la rue de Belleville, deux des nôtres faillirent être victimes des Versaillais ; par erreur ils avaient sauté dans une barricade voisine de la nôtre, quand ils s'aperçurent qu'il y avait des lignards, ils n'eurent que le temps de sauter à nouveau, et de revenir près de nous ; heureusement qu'il faisait sombre.

Nous quittâmes notre barricade et nous remontâmes la rue, nous dirigeant vers la rue Haxo. Chemin faisant, nous rencontrâmes une dizaine des nôtres que nous n'avions pas revus depuis Passy, nous étions contents de nous retrouver ; ils étaient heureux de revoir notre drapeau, seulement ils paraissaient douter de nous, parce qu'ils ne nous avaient pas revus, nous leur avons expliqué ce qui était arrivé, nos tourments et nos luttes ; quoique séparés, chacun de nous avait fait son devoir.

Nous avions faim, il me restait encore un peu d'argent sur les 20 francs que l'on m'avait donnés à la Bastille, je propose aux amis de demander à une concierge du quartier de bien vouloir nous faire une bonne soupe au fromage ; elle accepta, ce fut la dernière soupe que nous devions manger ensemble. J'ai donné 3 francs à la concierge, elle était contente et nous aussi.

Les camarades nous apprennent qu'une heure avant leur arrivée à la rue Haxo, les otages avaient été fusillés, ils nous disent que les corps ont été relevés et déposés dans une salle du Rez-de-chaussée.

Lorsque nous parlions une fusillade des plus nourries nous assaille, une panique se produit, la foule arrive en criant : « Belleville est en partie pris, la mairie est abandonnée, il y a des morts et des blessés plein les rues, on tire sur nous de tous les côtés ; les fédérés et les volontaires se battent comme des lions.

Notre drapeau en tête, nous nous groupons pour le combat suprême, il y avait des épaves de tous les bataillons et quelques membres de la Commune que je ne connaissais pas alors.

Nous voulions faire une résistance à outrance et nous faire tuer jusqu'au dernier, lorsqu'un incident fatal mit tout en déroute. Une quantité assez notable de soldats vinrent pour s'unir à nous ; le peuple naïvement crut à cette histoire ; momentanément il abandonna la lutte et déposa ses fusils pour fraterniser avec les nouveaux venus. Les effusions de tendresse et de sympathie étaient touchantes, les combattants et les troupiers s'embrassaient et pleuraient de joie.

Hélas ! c'était tout simplement les soldats qui avaient voulu rester neutres entre Paris et Versailles ; ils s’étaient constitués prisonniers. Ferré venait de les faire sortir de prison. (Voilà comment les communards tuaient leurs prisonniers.) En réalité, nous leur étions sympathiques, mais ils ne pouvaient être utiles, puis qu’ils étaient sans armes.

Derrière les soldats qui s’étaient rendus, disait-on, l’armée versaillaise faisait son apparition ; depuis dix heures et demie du matin la fusillade s’était calmée.

Le 28 à midi, le dernier coup de canon fédéré part du haut de la Rue de Paris ; la pièce bourrée à double charge exhale le dernier soupir de la Commune expirante.

Le rêve achevé, la chasse à l’homme commence !... Arrestations !... Massacres !...

SIXIÈME PARTIE

CHAPITRE XXV

Lorsque le feu cessa à la rue Haxo, les officiers de Versailles criaient : « Jetez vos armes, il ne vous sera rien fait. » Quelques-uns confiants, allèrent à la mairie les déposer et ils ne revinrent pas !

Nos compagnons et moi, nous nous étions réfugiés dans les derniers baraquements de la rue Haxo, près des fortifications.

(La rue Haxo finit boulevard Serrurier, le long des fortifications, entre la porte des Prés St-Gervais et la porte de Romainville.)

A cette époque il y avait peu de grands bâtiments dans ce quartier; dans cette partie extrême de la rue, des gens plutôt pauvres avaient acheté dans les terrains vagues quelques parcelles à bon compte, sur lesquelles ils avaient construit des baraques en planches, ils louaient ces petits logements à bon marché, à des ouvriers encore plus pauvres qu'eux. C'est dans un de ces baraquements que nous nous trouvions au moment où les lignards firent irruption.

Nous nous demandions comment cela finirait pour nous. Pas bien, assurément; du reste nous l'avions prévu. Les soldats allaient sans doute visiter partout et nous trouver; nous étions décidés d'accepter bravement la responsabilité de nos actes.

Le citoyen Louvel de Montmartre, un des nôtres, homme sérieux d'une quarantaine d'années environ, me dit: «Dans un moment nous serons découverts, il n'y a pas de résistance possible, il faut subir notre sort, nulle issue pour fuir; la porte de Romainville est occupée par l'armée prussienne, mais vous, je désire que vous tentiez la fuite.

(Au rez-de-chaussée, où nous étions, il y avait une petite fenêtre donnant sur les remparts.)

» Je vais vous passer par la fenêtre, laissez-vous glisser, vous avez l'air jeune, peut-être ne serez-vous pas remarquée, on vous prendra pour un gosse du quartier. Si nous sommes fusillés, tant pis, nous avons fait notre devoir. »

Je fis de la résistance; ce brave camarade me dit:

« Vous avez encore votre mère, pensez à elle et à nous, nous n'avons plus que quelques instants, vous entendez la rumeur, mettez en sûreté notre drapeau, brûlez le, plutôt que de le laisser prendre aux Versaillais, si vous parvenez à fuir, gardez-le comme un trésor, et qu'il soit encore une fois à la tête des défenseurs du droit pour l'humanité, au cas où une révolution nouvelle surviendrait. »

Le cœur serré, je fis ce que mes amis me conseillaient. Pendant les évènements, j'ai toujours porté un maillot qui m'enveloppait du cou au pieds, sur cette combinaison, j'enroulai autour de moi notre drapeau, de la taille à la partie supérieure de la poitrine; aussitôt que je me fus revêtue : « Je suis prête à faire ce que vous voulez », leur dis-je.

Lorsque quatre hommes entrèrent bruyamment dans la cour, un sergent, un caporal et deux lignards ; ils se mirent à discuter avec un pauvre vieux âgé de 84 ans, marchant à peine. C'était le propriétaire de ces baraques, le sergent dit au pauvret :

— Canaille, vous avez donné asile à des fuyards votre compte est bon !

— Mais je n'ai donné asile à personne, dit-il, s'il y a des communards ici, je n'en sais rien, ils ne m'ont rien demandé, ils ont envahi. Je suis vieux, à moitié paralysé ; que voulez-vous que je puisse faire ?

Ils insultent le pauvre homme d'une façon indigne. Je veux m'élancer au dehors pour le défendre, dire la vérité ; mes amis me disent qu'il ne faut pas le faire, qu'il nous est impossible d'intervenir, que nous ne pourrions pas le sauver.

— Allons prépare-toi à mourir, espèce de crapule !

Le pauvre vieux pleurant les supplia.

— Mais vous voyez bien que je me suis pas battu, comment aurais-je pu me battre ?

Ils n'eurent aucune pitié.

— Eh bien ! dit le malheureux vieillard, j'ai une grâce à vous demander avant de mourir. Je veux aller p... le long de mon mur pour la dernière fois. (Textuel)

— Vieille charogne, c'est pour t'évader que tu dis cela, nous la connaissons, tu sais.

Trouvant que le pauvre vieux ne marche pas assez vite, il le fait filer devant et lui donne un coup de pied au derrière ; le malheureux chancelle et tombe, il est relevé brutalement, collé au mur et fusillé.

Dire ce que j'ai souffert pendant cette scène atroce, ne peut se décrire.

Louvel me dit : « Nous sommes perdus, il nous faut agir, nous n'avons pas une minute à perdre. »

Nous nous serrâmes la main, ce fut notre dernier adieu, Mon compagnon me fit passer par la petite fenêtre, alors je me trouvai à terre, non loin du fossé des fortifications, seule. Sur le talus régnait un silence de mort. Chancellante, émue, je descends encore ; au prochain carrefour j'entends une rumeur confuse des bruits divers, des cliquetis d'armes s'entrechoquant, parviennent à mon oreille ; ce sont probablement mes compagnons qu'on emmène, on les fusille peut-être !

Je marche dans la rue comme si j'étais ivre, ne sachant où diriger mes pas, je vais toujours, longeant le glacis, lorsque je rencontre à ma gauche une petite rue, aboutissant à la rue Haxo ; je m'y engage, là, d'instant en instant, des horreurs se passent devant mes yeux, et inconsciemment je regarde des tas de cadavres gisant au milieu de la rue ; des soldats, leurs fusils en faisceaux, l'insulte à la bouche, brutalisent les rares passants.

Quelques pas plus loin, au coin de la rue des Bois, j'ai vu un groupe très excité, un jeune homme, 18 ans à peine, venait d'être arrêté. Je voulu voir ce qu'il adviendrait du garçon.

L'enfant était avec son père, lequel avait été tué dans la mêlée ; la débâche arrive, le jeune garçon s'enfuit dans une maison à quelques mètres, où il était entré précipitamment dans une chambre, se couche sur le lit; les soldats, fouillant l'immeuble, envahissent la chambre, le pauvre diable est arrêté, on lui visite les mains pour savoir s'il avait tiré; elles n'étaient pas sales, mais il vient à l'idée d'un soldat zélé de visiter la chambre et le lit sur lequel le jeune homme s'était couché; on y découvre un fusil caché ; par un simple hasard le pauvre enfant est perdu ; le propriétaire du fusil est absent, il est probablement mort !

Au coin opposé en pan coupé, il y avait un marchand de vin, le jeune homme fut adossé au mur.

On raconta à sa mère que son fils venait d'être arrêté. Elle accourt, folle de désespoir, elle se jette aux pieds de ces fusilleurs :

— Grâce ! Grâce ! dit-elle, mon fils n'a rien fait, mon mari a été tué dans la mêlée. J'ai six enfants ; mon fils est l'aîné, il est bon garçon, travailleur, il est mon seul soutien. Comment ferai-je pour élever mes petits si vous tuez mon enfant. Il n'a fait de mal à personne.

Rendez-moi mon fils, je vous en supplie. Vous aussi vous avez des mères et des frères qui vous attendent.

Les soldats légérement émus hésitaient, mais en vain, tout à coup survint un officier qui, ne sachant pas au juste ce qui se passait, dit : « Faites votre devoir, fusillez-moi ça. »

La mère se relève pleine d'énergie et dit à son fils :

— Que puis-je faire pour toi ?

— Mère, dit-il, j'ai soif, apporte-moi à boire.

La mère bravement va au cabaret d'en face, apporte à son fils un verre de vin ; lui, élève son verre, crie :

« Vive la Commune ! » le porte à ses lèvres et boit le contenu d'un trait. Il embrasse sa mère : « Tu embrasseras les gosses pour moi. » Se collant au mur, regardant les soldats en face, il met ses bras derrière le dos : « Je suis prêt ! »

Une décharge part. Tout est fini !

La pauvre mère s'écrie en leur montrant le poing : « Tas de lâches ! Tas d'assassins ! » Ils n'ont pas eu le courage de l'arrêter.

Après cette triste tragédie, je quitté la rue Haxo, je prends la rue des Prés-St-Gervais, je descends la Grand'rue de Paris ; partout des morts entassés ; des maisons en flammes. J'arrive près de la mairie, c'est effrayant à voir ; il y a des monceaux de corps humains, des femmes, des enfants empilés, des fédérés, parmi eux, deux des nôtres, à en juger par le costume.

J'entre chez un marchand de vin où nous avons été la veille. La femme était seule, elle me raconte qu'au moment de l'envahissement de la troupe, au milieu d'une panique épouvantable deux des nôtres se sauvant, sont allés se réfugier dans la mairie et se sont cachés derrière les battants de la grosse porte, avec plusieurs autres fédérés. Ils y furent écrasés.

Sur la place de la Mairie, j'ai vu des choses inouies, dégoûtantes. Sur une pile de morts il y avait une pauvre petite fillette qui pouvait avoir dans les huit ans, jolie, aux cheveux blonds bouclés ; un mauvais plaisant sans doute, de cette troupe de lignards avinés, avait eu la monstrueuse idée de relever les jupes de la pauvre petite, jusqu'à la poitrine.

A quel degré de bestialité ces malheureux soldats étaient-ils tombés ?

Je continue ma route, je travers le canal ; dans mon parcours je vois des horreurs. On veut me forcer d'enlever des pavés à chaque barricade, je ne réponds pas, je file ; me prenant pour un gamin on me laisse passer. Inutile de dire qu'entre toutes les barricades il y avait des cadavres, les femmes étaient assez nombreuses. (Ces femmes héroïques, n'étaient pas venues expirer là pour le plaisir, comme l'ont écrit certains écrivains bien pensants. Les courtisannes de haut et bas étage ne seraient pas venues se fourvoyer au milieu de nos luttes, elles n'y auraient rien gagné.)

Je traverse la place du Château d'Eau, même tableau sur tout mon parcours. Les faibles, les lâches et les vainqueurs hissaient des drapeaux tricolores à toutes les fenêtres pour éviter l'invasion de l'armée versaillaise (le drapeau de la France, était le talisman sauveur presque à l'égal du scapulaire des catholiques romains).

Je descends la rue du Temple, la rue Turbigo, je me trouve à l'entrée de la rue St-Martin ; dans toutes ces rues si agitées la veille, il régnait un silence de mort. De place en place, des militaires l'arme au bras, marchent de long en large ; excepté eux, il n'y a pas un chat dehors. Tandis que les jours précédents il avait plu, ce jour-là, le soleil brillait sur toutes ces choses macabres.

Rue St-Martin, je passe devant un poste de police qui se trouvait à gauche ; un agent m'appelle :

— Où vas-tu, camin ? dit-il en mauvais français.

— Chez ma mère, lui répondis-je.

— Fiens ici que che de vouille, mondre moi des mains.

Dans mon for intérieur, je me disais : « cette fois ça y est ! » L'instinct de la vie me donne de l'audace ; résolument, je me prête à l'inspection, je lui montre mes mains, elles n'étaient pas poudreuses ; il fouille dans mes poches, il y trouve un petit carnet, dans lequel j'avais inscrit les faits les plus marquants depuis les évènements. J'avais une peur bleue qu'il me fouillât davantage et qu'il découvrît mon drapeau et mon poignard. J'eus l'intention, le cas échéant de les défendre chèrement, à ce moment là j'aurais tout osé. C'était la seule chose qui me restait à perdre. La vie, je n'y tenais guère.

L'agent de police me remit mon carnet, et voyant mon calme, me dit : « Fas de vaire bendre ailleurs ! » Si cet homme avait su lire en français, assurément il ne m'aurait pas laissée partir.

Très calme, je poursuis ma route sans me précipiter[1].

J'arrive à la rue de Rivoli. Le quartier est bien différent de celui de Belleville où nous étions sympathiques. Une foule hurlante criait : « A mort les bandits ! » On désignait tout partculièrement dans un défilé de prisonniers, un homme grand et fort, à l'air audacieux, bravant du regard cette foule ignoble ; quelqu'un dit :

---

[1] Les agents de police ayant été incorporés dans les régiments par la contre-révolution ; on avait embrigadé les Alsaciens et les Lorrains ayant opté pour la France. Ils furent enrôlés pour le service de police, ils comprenaient à peine le français.

« C'est cette canaille de général Eudes » alors je ne le connaissais pas, plus tard je l'ai connu, assurément ce n'était pas lui, Eudes était de taille moyenne. Tout ce qn'une voix monstrueuse peut débiter d'insultes, était vociféré par cette foule en délire. « Qu'on le pende le misérable, qu'on les fusille tous. »

Tous les prisonnieres pris dans le parcours étaient escortés d'une haie de cavaliers, de soldats, l'arme prête à faire feu à la moindre résistance. On les conduisait à Versailles.

Il ne faisait pas bon alors manifester de la pitié, sans plus de cérémonie, on faisait entrer dans la danse, celui qui osait dire une parole humanitaire, on le mettait dans les rangs et il était dirigé comme les autres sur Versailles. Lorsque le défilé fut fini, il me vint à l'idée d'aller voir une amie de la Ferté St-Cyr, qui demeurait rue de la Verrerie et dont le mari était inspecteur des denrées alimentaires aux halles centrales.

Malgré mon costume, ils me reconnurent, ils me reçurent très bien et me forcèrent de manger ; ils ne voulurent pas me laisser partir ce soir-là. Le lendemain matin, je résolus d'aller voir dans le quartier, je voulais savoir s'il n'était rien arrivé de malheureux à ma mère. Mon amie me fit laisser mes vêtements de garçon et elle me donna une jupe, une robe, une jaquette et une capote, le tout ne m'allait pas dans la perfection.

Je quitte la maison, je traverse la rue de Rivoli, je gagne l'Hôtel de Ville ; partout je vois des ruines, c'est à peine si je puis me reconnaître dans ces désastres.

Enfin j'arrive au Pont des Saints Pères ; dans quelques minutes je vais voir ma mère, me dis-je. « Je serai chez moi. » Quoique fatiguée, je reprends courage et je hâte le pas. Je suis sur le quai Voltaire ; plus qu'un instant et j'embrasserai ma mère.

Me voilà à l'entrée de la rue de Beaune, j'avance de quelques pas, tout parait triste et lamentable, je suis au coin de rue de Lille et de la rue de Beaune où se trouvait une boulangerie ; c'était dans cette maison qu'habitait ma mère, j'ouvre la porte, le boulanger en me voyant est tellement effrayé qu'il me regarde d'un air fou :

— Ce n'est pas vous, vous n'êtes pas Mme R. on l'a fusillée, sortez !

— Mais où est ma mère ? lui demandai-je.

Au bout de quelques instants il me reconnut et me répondit :

— Je ne sais pas.

C'est tout ce que j'ai pu obtenir de lui.

De là, je vais chez mon ancienne épicière dans la rue de Beaune, j'entre dans la boutique, la marchande est à son comptoir, elle a l'air épouvantée en me voyant, elle s'écrie :

— Je n'y puis rien comprendre puisque on vous a fusillée, vous n'êtes donc pas morte ? Partez, partez vite, vous avez été condamnée à mort par la cour martiale du 7me secteur, on vous croit morte, si vous êtes reconnue ils vont vous fusiller, ici, devant nous. Allez où vous voudrez, mais qu'on ne vous tue pas devant nous dans cette rue maudite.

— Ma mère, où est-elle enfin ?

— Je n'en sais rien, morte peut-être. Je vous aimais bien, mais pourquoi n'êtes vous pas morte pendant la révolution, ça aurait été mieux.

C'est tout ce que j'ai pu obtenir.

— Eh bien ! J'irai chez moi.

— Ne faites pas ça, chez vous, vous ne pouvez pas y aller, votre logement est occupé militairement, on a défoncé votre porte, on a mis des planches à la place, on a posé les scellés et ménagé une ouverture pour le service. Les soldats couchent dans votre chambre, on à dit des choses si horribles de vous, que lorsque votre chambre fut prise, avant d'y pénétrer, ils ont fait une visite sur le toit, le fusil à la main au cas où vous y seriez. Allez-vous-en, je vous en prie. Je vous dis tout ce que sais ; ne revenez jamais dans le quartier, ce serait un malheur pour vous.

Vraiment, je pensais que tous ces gens étaient devenus fous.

— Je n'y comprends rien, je n'ai fait de mal à personne. Pourquoi tout cela ?

— Partez ! je vous en prie.

J'avais le cœur serré ; en sortant de chez elle je me dirige vers la maison où j'habitais, rue de Lille. Sauf la nôtre, toutes les maisons du côté droit dans la direction de la rue du Bac étaient à moitié brûlées, les murs s'écroulaient, il y avait partout des cicatrices profondes.

Que me fallait-il faire ? « Eh bien, me disais-je, puisque tout est fini pour moi, car sans doute ma mère est morte et on n'a pas osé me le dire ; je vais retourner d'où je viens, rejoindre mes amis à la rue Haxo, j'irai me rendre et je subirai le même sort qu'eux. »

Je quitte la rue, je suis le quai Voltaire, je passe devant la boutique d'un armurier, lequel avait fait partie de la 7me compagnie du 17me de la Garde Nationale ; lorsque j'étais de service, j'avais quelques fois causé avec lui, je savais qu'il avait plutôt des idées larges.

J'ouvre la porte du magasin, la femme de l'armurier me reconnaît, elle vient à moi ; elle aussi est très surprise, mais plus intelligente que les autres, elle me fait entrer dans son arrière boutique, me fait asseoir et me raconte ce qui va suivre :

D'abord elle m'apprend que son mari est arrêté, qu'elle ignore pourquoi, sous prétexte qu'il s'est laissé dévaliser par les insurgés. Il est donc accusé d'avoir favorisé les Révolutionnaires contre le gouvernement légal, en laissant prendre les armes qu'il avait dans son magasin.

« Mais j'espère que cela n'aura pas de suites graves, parce que mon mari avait cessé son service depuis assez longtemps, ayant été malade.

» Pour vous, chère amie, je vais tout vous dire. Dans la nuit du mardi et la journée de mercredi, il s'est passé des choses atroces dans le quartier. Dans la rue du Bac, la rue de Lille, la rue de Beaune on a tiré par le fenêtres, plusieurs fédérés furent tués, alors une lutte effroyable s'en suivit.

» Votre mère très excitée, insultait les soldats qui voulaient pénétrer chez elle et chez vous.

» Le bruit circulait que la Cour des Comptes était en flammes, et que vous eu étiez l'auteur. Votre mère devint furieuse quand on lui dit cela. Elle traite ces gens de menteurs, de brigands ; les soldats veulent la traîner à la barricade pour la fusiller, elle est si révoltée qu'elle leur crache au visage, « Rendez-moi mes » enfants, criait-elle, vous n'êtes que des assassins. »

Ma mère était dans cette maison depuis plus de trois ans, cette scène émut le quartier.

« Mme d'Arfeuille, locataire de la maison intervint, demanda qu'on laissât votre mère tranquile, disant d'elle, tout le bien possible, les soldats la lâchèrent. Cette dame, présentant sa carte, son nom impose aux soldats : elle emmena votre mère.

« Voila tout ce que je sais sur votre mère. Est-elle morte ? Je ne le crois pas ; je ne sais pas où demeure Mme d'Arfeuille. Elle a quitté la maison ; par elle vous auriez pu savoir ce que vous désiriez, Pour le moment soyez prudente, si votre mère est morte vous n'y pouvez rien, si elle ne l'est pas, vous la retrouverez plus tard. Revenez me voir, si j'apprends quelque chose, je vous le dirai.

» Le mercredi 25 mai, vous avez été condamnée à mort par la cour martiale du 7me secteur, comme incendiaire. M. Astier, le propriétaire, arrivant de la province, où il avait vécu pendant tout ces évènements, et grâce à votre mère trouva son immeuble en parfait état.

» Pour la récompenser, furieux de tout ce qu'on lui avait raconté, pensant que vous étiez tous morts, il mit en vente aux enchères, jusqu'aux habits de vos enfants et en retira la somme de 35 francs. Il est allé vous dénoncer au secteur, accompagné de ce garçon de café que vous aviez traité de lâche, parce qu'il s'était caché dans la cave pendant la guerre, au lieu de faire son service aux remparts. Ils étaieni tous deux sous l'impression de la peur, et se faisaient délateurs infâmes !

» Il s'est passé dans la rue de Beaune, rue de Lille et rue du Bac des choses épouvantables. Vous avez connu le serrurier qui était de votre compagnie et demeurait rue Allain. Un bon père de famille, mais pauvre ; ils l'ont martyrisé, ils l'ont crucifié sur la devanture de sa boutique. C'était à rendre fou !... Qu'allez-vous faire ? Tâchez donc de gagner l'étranger, car assurément, ils vous fusilleront. »

— Pour partir il faut de l'argent et des vêtements, je ne puis aller chez moi, je n'ai plus rien. Comment peut-on m'accuser d'être l'auteur de l'incendie de la Cour des Comptes ?

— Vous avez des ennemis redoutables dans le quartier.

— Alors je n'ai plus qu'à me rendre au 20me arrondissement, où sont mes amis.

Je remercie cette dame, nous nous serrons la main, je ne l'ai jamais revue.

Je gagne le Pont Royal, la journée avait été belle. Lorsque je fus au milieu du pont, je me mis à contempler les effets du soleil couchant se refletant dans les eaux de la Seine ; toutes les maisons riveraines des quais en ruines, à demi-écroulées s'estompaient comme dans un miroir, sur les deux rives. Au fond à droite, on voyait poindre au loin le clocher et les deux tours de Notre-Dame, de l'autre côté Auteuil. Cela était triste et beau. A ces heures-là habituellement Paris était si agité ! Pas le moindre bruit du côté des quais, on aurait dit habiter l'empire des morts. Tout cela lamentable comme moi-même. A force de regarder fixement ces images, je sentais en moi une attirance irrésistible, un moment j'eus l'idée de me précipiter dans le fleuve pour en finir ; puis comme l'animal blessé, sans m'en rendre compte, je me cramponnai à la vie. Pourquoi ? Je n'en savais rien. J'ai eu si souvent l'occasion de mourir depuis huit mois, me jeter à l'eau serait ridicule...

Etait-ce vanité ou lâcheté ? Je n'aurais su le dire, je ne me crois pas lâche, cependant. Enfin le sentiment ou l'instinct de la conservation me fit détacher mes mains du parapet, et pour échapper au mirage, je m'éloignai machinalement, sans plus regarder autour de moi. Je continue ma route me dirigeant sur la Bastille pour me rendre à la rue Haxo. Les maisons brûlent toujours, je vois entassés des quantités de morts empilés dans des tombereaux, la tête pendante de côté et de l'autre des bras et des jambes ; c'était horrible à voir, des yeux à demi ouverts, le visage maculé de boue et de sang. Quelle triste tragédie !...

Dans la rue de Paris, il y a encore un grand tumulte, les barricades ne sont pas encore complètement enlevées, des soldats vont et viennent, il y a des cadavres çà et là, partout maisons et portes closes ;

au mitieu de ces désastres, je vois un service religieux ; enterrement avec croix et bannières, prêtres et
enfants de chœur, tous en grande tenue de cérémonie,
suivent un cerceuil recouvert d'un drap rouge, sur le
drap il y avait une tunique, des épaulettes d'officier et
une épée. Cette scène à demi-éclairée par la lueur des
incendies des maisons qui brûlaient encore, paraissait
étrange.

Je me renseigne ; le mort était un comte qui avait
commandé la chasse à l'homme, pour la plus grande
gloire de Dieu, sans doute.

Voici ce qui était arrivé : Au moment de la prise du
quartier, les fédérés se voyant perdus, s'étaient réfugiés
dans les caves avec leurs fusils ; étant découverts, ils
avaient fait feu ; le comte avait été tué. Il s'en suivit
des luttes horribles dans les ténèbres, on avait bouché
les issues des caves avec des sacs de terre. Tous pêle-
mêle : vieillards, femmes, enfants furent tués !

Je monte encore, j'arrive à la rue Haxo. Elle était
occupée par la troupe des cavaliers à cheval, carabine
au point faisaient les cents pas.

Devant la cour grillée où les otages avaient été
fusillés, il y avait foule. Les fervents voulaient pénétrer
dans l'intérieur, ramasser une touffe d'herbe, un brin-
borion quelconque comme relique. Il y avait une
grande manifestation religieuse, procession, etc.

On fouille toujours les maisons, je demande où se
trouve le général-commandant de place et si les prisonniers sont toujours au dépôt. « Ils y sont toujours » a-
t-on répondu. Je fais encore quelques pas et je me sens

saisie par une main assez forte qui me pousse dans le couloir d'une maison, en même temps une voix me murmure : « Taisez-vous. » On m'introduisit dans une chambre à demi-obscure, au rez-de-chaussée, où je retrouve quatre des nôtres qui avaient pu s'y réfugier. Alors j'ai compris. Parmi eux se trouvait un des nôtres, le fils du brave homme qui voulait bien m'accueillir et nous offrir l'hospitalité, à ses risque et péril.

C'était un ancien marin en retraite, jouissant d'une assez bonne réputation dans le quartier, il était beau parleur et très famillier avec les troupiers ; avec son air de bonhomie il leur inspirait confiance, par ce moyen il savait beaucoup de choses qui se passaient ; il était fin diplomate notre amphitryon, il nous mettait au courant du mouvement du quartier.

Un jour je lui dis :

— Mais vous leur montez le coup et s'ils s'en aperçoivent, gare !

— On n'attrape pas les mouches avec du vinaigre, me répondit-il.

Ce bon père sauvait son fils, ainsi que les camarades qui ont pu s'enfuir au moment du sauve-qui-peut où ils étaient cernés aux baraquements.

Le logement de ce bon vieux se composait de trois pièces humides et noires ; il se tenait dans la pièce d'entrée, les camarades s'étaient blottis dans la pièce du fond, et moi dans la pièce du centre ; nous étions à l'abri, mais tout nous manquait, il n'y avait pas de lit ; une table, trois chaises pour tout ameublement. On me fit hommage de la troisième chaise. Tous les six nous nous sommes groupés et nous avons délibéré. « Tout ça est bien, mais comment ferons-nous pour vivre ? Comment mangerons-nous ? » Tous nous avons fouillé dans nos poches et déposé nos capitaux sur la table (entre six, nous avions encore 12 francs 75 centimes pour attendre,... quoi, nous n'en savions rien).

Notre bon vieux nous dit: « N'ayez pas peur mes enfants, dans trois ou quatre jours tout ira bien, je n'ai pas touché ma pension depuis plusieurs mois, alors nous serons chouettes, quand y en a pour deux, y en a pour six ; je serai votre trésorier, vous avez besoin de vous refaire, je vais acheter du bouilli et je ferai une bonne soupe, avec un bon litre de vin, vous serez retappés. Mais motus ! Si on s'aperçoit du nid, gare à la nichée, alors nous serions tous f... ! Je sors, si l'on frappe à la porte que personne ne bouge. »

Les quatre garçons allèrent dans leur pauvre chambrette presque noire, s'allongèrent sur des couvertures pour y dormir.

Moi, roulée dans une couverture et la tête sur un oreiller que le bon vieux m'avait prêté ; je m'endormis si profondément que je me suis réveillée que le lendemain j'étais si fatiguée, abrutie, comme morte.

Lorsque la soupe fut cuite à point, ils ont tout fait pour me réveiller sans y parvenir. N'étant plus soutenue par une pensée, j'avais perdu toute volonté, j'étais inerte comme un chiffon. Cet état de prostration dura plusieurs jours. Lorsque je fus bien reposée, ma volonté est revenue, j'ai réagi. Ne pouvant vivre comme un chien couché, je me suis mise à aider notre bienfaiteur aux soins du ménage; lui faisait la popote, moi je mettais un peu d'ordre aux habits, lesquels en avaient grand besoin.

Le maître de céans me présenta comme sa fille revenant de province, aux allants et venants, des curieux, tels que voisins, voisines et militaires qui venaient à toute heure faire des rondes dans toutes les maisons du quartier. Par ce stratagème, j'ai pu juger de la valeur morale et toute chrétienne de l'armée versaillaise, sur leurs propres concitoyens. Des lignards et autres venaient nous offrir des couvertures en laine pour 2 francs la paire, un autre une montre en or pour 5 frans. Je ne pus m'empêcher de dire à l'un d'entre eux en riant :

— Vous avez donc dévalisé les passants pour offrir de telles choses et à un tel prix ?

« Non, me dit-il, mais on trouve ça par terre, dans la rue; si ce n'est pas moi qui le ramasse, ce sera un autre, moi je ne tiens pas à ces bibelots, j'aime mieux de l'argent. » Naturellement nous n'avons rien acheté.

J'ai vu des cadavres pieds nus en quantité; cela paraissait si naturel qu'en passant un soldat quelconque regardât les pieds d'un mort et dît: « Le copain, il a des souliers plus chics que les miens. » Si la pointure correspondait à la sienne, il se déchaussait, retirait les souliers du mort, les mettait à ses pieds, laissait ses Godillots à côté du cadavre.

Les camarades s'ennuyaient dans leur taudis; pendant plusieurs jours ils n'osèrent bouger. A toute heure de la nuit les cavaliers venaient frapper aux portes. Cet excès de zèle se calma, les rondes devenaient de plus en plus espacées. La misère nous menaçait, nous étions à la mi-juin. Le père de notre ami n'avait pas encore touché sa pension, le boulanger faisait encore crédit, mais il faisait la grimace, nous étions six, et comme nous n'avions que du pain à manger, cela filait vite. L'administraiion française n'est pas d'une promptitude exemplaire dans son service, en général, il faut passer par tant de filières avant d'atteindre le but! A ce moment-là c'était pire encore, car tout était à refaire, les titres de pension à recevoir ne pouvaient suffire, les marchands voulaient de l'argent, pour nous c'était la famine à courte échéance.

Lorsque les patrouilles furent moins fréquentes, un des nôtres sortait pendant la nuit à tour de rôle, pour aller à la maraude, espérant nous procurer un peu de légumes, leur course fut vaine. Il y avait tant de soldats qui les avaient devancés; ils revenaient toujours à vide. En réalité nous n'avions ni sécurité, ni repos, cette vie nous fatiguait et ne pouvait continuer.

Un évènement imprévu vint mettre un terme à notre inactivité. Au-dessus de nous il y avait une locataire qui avait eu vent de notre situation, elle ne disait rien, au contraire, elle cherchait à nous rendre service, indirectement, bonne femme dans le fond, mais ignorante et bête. Certains jours, on ouvrait les portes de Romainville pour faciliter le ravitaillement; plusieurs essayèrent la fuite en se mêlant avec la foule autorisée. Le service extérieur de le ville se faisait par les Prussiens, mais il y avait toujours un officier supérieur de gendarmerie qui faisait arrêter les suspects. Or un jour le mari de cette femme voulut passer et il fut arrêté, quoiqu'il n'eut pas pris part aux évènements. Cette femme désolée vint nous faire part de son chagrin ; elle fit toutes les démarches possibles pour que son mari fût mis en liberté, tout fut inutile, Elle retourna encore une fois au secteur, il lui fut répondu, que son mari était parti le matin avec un convoi de prisonniers, qu'elle pouvait se rassurer, qu'il serait jugé et que s'il n'avait rien fait, il lui serait rendu. Elle vint furieuse nous reprocher de rester là cachés, pendant que son mari, qui n'avait rien fait, était expédié.

— Ce n'est pas juste, s'il y a un bon Dieu, il ne doit pas permettre de pareilles choses.

On voulait lui faire entendre raison, peine inutile. Nous lui disions :

— Notre arrestation ne fera aucun bien à votre mari ; à quoi bon nous faire du mal ?

Ce fut en vain. Dans la soirée elle revint, aussi extravagante que dans la matinée.

Assurément cette femme-là nous perdra, nous ne pouvons plus rester ici, disais-je à mes amis ; si nous sommes pris, notre bienfaiteur sera perdu, fusillé, la chose est certaine, pour nous avoir donné asile. Notre devoir est de partir, mais où aller ? Qu'allons-nous faire ?

Quand le quartier semblait plus calme, à onze heures du soir, nous prîmes une résolution et nous partîmes. isolément comme des voleurs. Notre pauvre vieux allait rester seul, son fils était aussi compromis

que nous. Lorsque nous le quittâmes, tl avait de
grosses larmes roulant sur ses joues bronzées. Mon
petit Breton et moi, nous restâmes les derniers.

Soudain je me souviens de mon cher drapeau et de
mon poignard, l'un gardant l'autre. Je ne voulois pas
les abandonner. Pour la première fois dequis de longs
mois je me suis mise à pleurer. Dans toutes les causes
qu'on défend avec amour et avec conviction, il entre
toujours un peu de fanatisme.

Ce bon vieux me dit:

— Je vous comprends, je suis un vieux marin et la
couleur de mon pavillon était pour moi l'Etoile Polaire!
Je me serais fait tuer pour le défendre, mais, me dit-il,
vous ne pouvez l'emporter avec vous? Qui sait ce qui
va vous arriver, sortant d'ici, vous serez peut-être
arrêtée, votre drapeau sera pris et vous ne pourrez le
défendre. Ici je veux bien tenter de le cacher, mais je
ne sais comment tout cela finira!

— Non je ne veux pas vous exposer, mais que
faut-il faire ?

— Le brûler... me répondit-il.

Le brûler, cela me semblait un crime, et pourtant en
réfléchissant, je me suis décidée. Je défais mon drapeau qui était enroulé autour de ma poitrine. Je me
souvins du premier jour où il nous fut remis, frais et
brillant, avec son inscription en lettres dorées: «Défen-
fenseurs de la République » comme nous étions
enthousiastes ce jour-là.

Je me souvins des luttes que nous avions soutenues
à l'ombre de ses plis flottants au vent lorsqu'il reçut

les cinq premières balles, ses glorieuses blessures ranimaient notre courage. Je me souvins de nos luttes, Neuilly, Issy, La Muette, Passy, puis enfin dans Paris lorsqu'il me fut confié par les camarades, A la Bastille comme nous l'avons défendu notre cher drapeau ! puis dans notre parcours, jusqu'à la rue Haxo. Que de héros morts en le contemplant. Maintenant, c'est moi qui dois le brûler ! De tout un bataillon, nous restions deux pour accomplir ce sacrifice. Ironie du sort, un Breton et moi ; puis notre bon vieux qui nous aida. Même pour l'anéantir, il nous fallait être prudent pour ne pas éveiller des soupçons.

Marie Desrue , (c'était le nom de notre Breton) sortit pieds nus, alla creuser un trou profond dans le jardin pour enfouir mon poignard. Lorsque je déposai notre cher drapeau entre les mains de notre vieil ami, il me semblait que j'allais brûler tous nos amis morts sous son égide. Lorsque tout fut fini, nous fîmes nos adieux au pauvre vieux, en le remerciant de toutes ses bontés. Qu'est-il devenu ?

Notre drapeau renaîtra de ses cendres, alors l'idée renouvelée et plus vivace que jamais, mieux comprise, aidera la marche du progrès vers un avenir social, meilleur et plus humain.

Lorsque je fus sortie, je me rendis rue de la |Verrerie chez la personne qui m'avait prêté des vêtements. Elle fut surprise et contente de me revoir. ayant de bonnes nouvelles à m'apprendre. Un de nos amis, ignorant absolument si nous nous étions mêlés aux évènements était allé pour savoir ce que nous étions devenus au milieu des désastres de la rue de Lille et de la rue du Bac. Notre concierge lui dit avoir reçu deux lettres pour nous ; cet ami les demanda pour les remettre à notre famille. La concierge les lui remit. Elle lui dit aussi : « Je crois que madame et monsieur sont chez Mme d'Arfeuille, mais je ne sais pas son adresse. »

Par ces lettres j'appris que mon mari n'était pas mort, qu'il avait été fait prisonnier dès l'arrivée des soldats à la prise de Passy. Cette lettre était adressée à ma mère. Naturellement, mon mari ignorait absolument ce qui s'était passé dans notre quartier et aussi ce que j'étais devenue. Cette lettre était écrite au moment de son départ des chantiers. Il ne savait pas encore où on les dirigeait. Il était impossible de lui écrire. Je ne savais donc qu'une chose, il n'était pas mort.

Nous ne savions comment il fallait faire pour avoir son adresse ; mon amie me dit une chose assez raisonnable : « Attendons quelques jours encore, peut-être écrira-t-il de nouveau, je retournerai rue de Lille, je n'ai rien à craindre, tranquillisez-vous, si votre mère n'est pas morte, nous la retrouverons. »

En passant par la rue St-Martin, je vis une affiche collée sur la porte du N° 182 : « On demande une bonne piqueuse de bottines pour diriger et préparer le travail à la machine. S'adresser au 4me étage. Noël, fabricant de chaussures de luxe ».

Malgré tous les évènements par lesquels j'avais passé, j'étais toujours timide pour les questions de la vie ordinaire, je n'osais pas me présenter. Enfin, je fis un effort de volonté et je montai, je sonnai ; le cœur

me battait à se rompre, mais je ne pouvais plus hési-
tier. On m'ouvre, c'était M. Noël ; je lui dis que j'ai lu
l'affiche et je viens me présenter.

Il me questionne sur ce que je sais faire, me
demande où j'avais travaillé. Il s'aperçoit de mon
embarras, alors il me dit : « Repassez lundi et nous
verrons ». Ce « nous verrons » c'était le doute, ce mot
retentissait en mon cœur comme un glas funèbre, je ne
pouvais plus vivre d'incertitude, coûte que coûte je lui
raconte mon histoire.

— Monsieur je vous ai tout dit. Voulez vous expé-
rimenter ce que je peux faire, vous me payerez ce que
vous voudrez, et si dans une semaine vous n'êtes pas
satisfait, vous ne me garderez pas. Mais si je ne trouve
pas de travail ici, j'irai me rendre ; je ne puis plus
vivre dans les conditions où je suis, je n'ai pas même
de lit pour me coucher.

Il réfléchit un instant et me dit :

— Venez demain matin, je vais en parler à ma
femme et tout pourra s'arranger.

Le lendemain à huit heures du matin, je me rendis
chez M. Noël. C'était un samedi, je m'en souviens.
Cette première journée se passa assez bien ; depuis de
longs mois j'avais une vie errante, il m'était pénible
de rester assise ; le temps me parut lent. Monsieur et
Madame m'invitèrent à dîner avec eux, puis me dirent
qu'ils m'avaient préparé un lit pour le soir, que cela
irait très bien si je n'ai pas d'objection à coucher
dans l'atelier, qu'il n'y avait jamais personne après 7
heures dans cette pièce.

La semaine se passa bien, le samedi j'ai demandé si je pourrais continuer la semaine suivante : « Assurément, me disent-ils, si vous êtes contente de nous tout ira bien ; quant à nous, nous sommes très contents de vous. » Le patron me donna 25 francs pour ma semaine, me disant qu'à partir de lundi suivant il me payerait 30 francs par semaine. J'étais bien contente, mes misères financières allaient donc cesser. Encore une fois, le travail fut mon sauveur.

Je suis restée dans cette maison jusqu'au jour où je fus forcée de m'exiler, c'est-à-dire 14 mois.

Quelques jours plus tard, je revis mon ami auquel on avait remis mes lettres. Il avait découvert l'adresse de Mme d'Arfeuille, c'était rue de Rennes. Il avait essayé de voir ma mère, mais lorsqu'il s'était présenté chez cette dame, elle avait prétendu ne pas connaître Mme M., cependant, l'embarras qu'il avait remarqué dans les réponses lui avait fait conclure que certainement il y avait anguille sous roche. Le lendemain, un dimanche, je me rendis chez Mme d'Arfeuille, qui elle-même vint m'ouvrir.

A ma vue elle faillit tomber à la renverse, ses mains tremblaient, elle semblait sous le coup d'une hallucination, Enfin elle put s'écrier :

— Vous n'êtes donc pas morte ?

Ma mère qui écoutait sans doute, sortit d'une chambre, se jeta dans mes bras :

— Ma fille, ma fille, ma chère fille, si tu savais comme je t'ai cherchée dans Paris ; que de tas de cadavres j'ai remués pour te retrouver ! Avenue Victoria, parmi un grand nombre de fusillés, j'ai vu une petite femme vêtue comme tu étais alors, visage méconnaissable, elle avait, comme toi une alliance au doigt. Certaine que c'était toi, je l'ai longtemps embrassée. J'étais presque heureuse de te savoir morte ; car si tu avais été prisonnière, tu aurais trop souffert.

Convaincue que c'était toi, j'ai fait constater ta mort. Puis se tournant vers Mme d'Arfeuille :

— N'est-ce pas, madame, que ma fille va rester ici avec moi ?

— Vous, vous pouvez rester ici autant qu'il vous plaira, mais madame ne peut y rester, il faut qu'elle parte tout de suite.

— Alors je pars avec toi et je ne te quitte plus, s'écria ma mère.

— Mais comment ferons nous pour coucher ?

— Je coucherai n'importe où, mais je ne te quitterai pas.

Elle laissa tout et nous partîmes ensemble. Dans la rue je lui raconte que j'ai du travail, etc. que je couche dans l'atelier sur un lit provisoire, qu'elle ne peut être avec moi, ni coucher avec moi.

Nous allâmes ensemble rue de la Verrerie où ma mère coucha pendant une semaine.

A mon retour je racontai à M. et Mme Noël que j'avais retrouvé ma mère et combien j'avais été heureuse de savoir que ni elle, ni mon mari n'étaient morts. M. Noël me demanda si ma mère pouvait nous aider, ne serait-ce qu'au ménage.

— Ma mère sait très bien travailler, mais elle n'est plus jeune (elle avait alors 63 ans).

— Ce soir après la journée finie, voulez-vous lui demander si elle consentirait à venir le plus vite possible, cela nous rendrait un grand service, le seul inconvénient est que je ne pourrai pas la coucher.

Naturellement toute heureuse, elle accepta. Dès le lendemain elle était installée avec moi ; on la paya 2 francs par jour, c'était une fortune pour nous.

CHAPITRE XXVI

Notre ami retourna rue de Lille, 44. Comme il avait prévu, il y trouva une seconde lettre de mon mari, adressée à ma mère rue de Beaune, le facteur l'avait remise à notre concierge. Elle contenait peu de chose, mais elle m'apprenait ce que je voulais savoir.

La lettre était ainsi libellée :

Chère belle-maman,

Après avoir passé 15 jours au plateau de Satory dans l'eau et dans la boue, on nous conduisit à la prison des chantiers où nous sommes restés quelques semaines. Après, on fit un choix parmi nous, on nous emmena à la gare sous bonne escorte ; on nous empila comme du bétail dans des vagons de marchandises, accompagnés de gendarmes qui avaient l'ordre de tirer sur nous à la moindre résistance, nous étions enchaînés deux par deux, comme des malfaiteurs dangereux.

Prenez courage, chère mère, j'espère que je ne serai pas longtemps sans être jugé, car il est prouvé que je n'ai rien fait.

Si vous voyez ma sœur Désirée qui doit être à Paris, embrassez-la bien pour moi.

Réponse de suite. Mon adresse est :

J. R.

à bord du Tage. Batterie Basse,

7me Escouade en Rade de Cherbourg.

Manche.

Enfin nous avions l'adresse de mon mari. Immédiatement je lui écrivis pour le rassurer. Je le mis adroitement au courant de la situation.

Je disais à mon frère que j'habitais Paris, que je travaillais chez M. Noël, fabricant de chaussures, son ancien patron qui demeure toujours rue St-Martin 182, qu'il .lui garde un bon souvenir et qu'il est tout disposé à lui donner un certificat s'il en a besoin. C'est le seul mensonge que j'ai fait dans le cours des évènements, il avait bien sa raison d'être; il ne pouvait nuire à personne, mais au contraire être utile à mon mari.

Comme la religieuse des *Misérables*, je faisais un pieux mensonge.

FRAGMENTS DE LETTRES.

Cherbourg, 4 août 1871.

Chère belle-maman,

Je serais très content si mon patron veut bien me faire un certificat, constatant le temps que j'ai travaillé pour lui jusqu'au moment de la guerre, cela me serait très utile. Depuis quelques jours il y a des départs. Mon tour viendra bientôt, je l'espère. Dites à ma sœur Désirée que je n'aspire qu'à regagner Paris.

Merci de votre lettre, elle me tranquillise puisque vous avez du travail. Etc.

Cherbourg, 18 août 1871.

Chère sœur,

Envoie-moi au plus vite les certificats et quittances que je t'ai demandés.

Depuis quelques jours je suis très malade, je mange à peine. Nous sommes si malheureux. Un de mes camarades fait tout son possible pour moi, mais nous n'avons rien à notre disposition, l'instruction continue toujours faiblement ; j'attends mon tour de jour en jour, etc.

Cherbourg, 31 août 1871.

Chère sœur,

J'ai bien reçu les notes et les certificats que tu m'as envoyés, mais cela ne m'a pas servi. J'ai subi un interrogatoire, nous paraissions d'accord avec le capitaine. Mais je ne sais rien quant au résultat, etc,

Cherbourg, 11 novembre 1871.

Chère sœur,

Je m'empresse de t'écrire avant ta réponse, je viens d'apprendre qu'il est facile d'avoir sa liberté en se faisant réclamer par son ancien patron à l'autorité militaire. Prie M. Noël d'adresser un certificat et sa demande à M. Gaillard, lieutenant-colonel, prévost de la justice militaire (Versailles).

Je compte sur toi, chère sœur, pour toutes ces démarches. Réponse pour mercredi ou jeudi prochain, etc.

Cherbourg, 17 novembre 1871.

Chère sœur,

Merci des certificats. J'espère que d'ici quelques jours j'aurai une bonne solution. Je te les renvoie, je préfère que tu les gardes, pour les faire parvenir en son temps

Cherbourg, 28 décembre 1871.

Chère belle-maman et chère sœur,

Je suis très heureux que mon ancien garçon, Adrien Broullé ait été acquitté et qu'il soit allé vous voir, cela me donne bon espoir.

Il y a juste aujourd'hui une année, que j'ai été pris les armes à la main pour avoir défendu mon pays. Mais c'était par les étrangers.

En ce moment je suis encore prisonnier, cependant, je n'ai pas pris les armes. C'est sans doute pour avoir resté dans mon lit, malade assez longtemps, et supporté des souffrances terribles, desquelles je me ressens encore par les grands froids, sur les pontons, ayant eu déjà les pieds gelés en Crimée.

Mon pays ne m'en est guère reconnaissant, etc.

M. Noël me laissait libre de m'occuper de mes affaires; en veillant le soir je remplaçais mon temps perdu.

J'ai donc fait toutes les démarches nécessaires pour obtenir des certificats, justifiant l'honorabilité de mon mari. J'allai chez M. Tholin avocat, rue Germain Pillon, lequel avait été capitaine des Francs Tireurs dans l'armée de la Loire, avec lequel mon mari avait fait la campagne. Il l'estimait beaucoup. Ce monsieur se fit un devoir d'envoyer un certificat au conseil de guerre.

Je suis allée chez le commissaire de police du XIIIᵐᵉ arrondissement, M. Dodic qui me reçut fort mal et me refusa le certificat que je lui demandais, au sujet des 20 000 francs que mon mari avait déposés au commissariat, lors de l'incendie de la rue de la Glacière, 134, dans la propriété de Mlle Lemaignan.

Je ne me suis pas découragée, immédiatement je suis allée trouver cette demoiselle, je fus très heureuse de constater qu'elle nous avait conservé ses sympathies.

Le frère de Mlle Lemagnan est allé lui-même chez le commissaire, il exigea le certificat ; le commissaire n'ayant pas le droit de le refuser, le lui donna.

Je n'avais plus qu'à attendre le résultat ; quoi qu'il arrivât, j'avais fait mon devoir. Je pouvais me remettre à l'ouvrage.

Je demandai à M. T. quelques conseils pour nos meubles qui étaient toujours à la merci du propriétaire de la rue de Lille et de M. Astier, propriétaire de la rue de Beaune.

M. T. fit une enquête, il alla rue de Lille, notre appartement était encore habité par les soldats ; il me pria de ne me mêler en rien de ces affaires-là, disant que la haine était aussi vive contre moi qu'au premier moment, qu'il était impossible de faire entendre aucune raison, que si on me trouvait, assurément je serais arrêtée ; tant que je serais à Paris il ne fallait pas espérer avoir quoi que ce soit de mes meubles. Il me conseilla de quitter la France le plus vite possible.

Après ma visite, il alla chez M. Astier qui l'a fort bien reçu. Il lui exprima tous les regrets de ce qui s'était passé, disant qu'il n'avait absolument rien contre maman, qu'elle pouvait venir chercher ses meubles, que ses ouvriers avaient été les chercher rue de Beaune et qu'ils les avaient apportés chez lui.

M. T. revint nous dire le résultat de son enquête. Le lendemain ma mère alla chez M. Astier qui lui rendit quelques meubles, mais il manquait beaucoup de choses, lesquelles avaient été cassées et abîmées. Ma mère lui demanda pourquoi il avait agi ainsi contre nous, il lui répondit naïvement : « J'étais en province, le mercredi matin, j'arrive, je cours rue de Beaune, je ne savais rien de ce qui s'était passé, j'ai cru ce qu'on me disait !... » Il s'excusa et rendit ce qui lui restait de nos meubles.

M. Noël nous conseilla de louer vis-à-vis de chez lui, rue St-Martin, 175, une chambre qui se trouvait vacante. Avec les quelques meubles que nous avions retrouvés, entre autres le lit complet de ma mère ; nous étions heureuses de pouvoir nous coucher convenablement. Depuis bien des mois je ne savais plus ce que c'était que de coucher dans un vrai lit. Mais nous n'avions plus retrouvé de linge.

Nous étions contentes d'avoir suivi le conseil de M. Noël. Nous avions déménagé si souvent, craignant de faire de mauvaises rencontres, que cela nous semblait bon de pouvoir nous reposer le matin.

Vers la fin décembre 1871. On sonne à la porte, je vais ouvrir, Mme Noël était absente ; c'était un gendarme ; j'étais un peu troublée, mais comme le couloir était sombre, il ne put s'en apercevoir. Je repris mon aplomb, ce n'était pas le moment de faiblir ; je l'introduisis dans le petit salon et je prévins M. Noël.

Le gendarme venait demander des renseignements sur mon mari. M. Noël confirma le certificat qu'il avait donné. Le gendarme s'en alla.

Dans le courant de janvier 1872, le même gendarme revint de nouveau, je fus obligée de le recevoir, M. Noël étant absent. Il me posa quelques questions banales, il me demanda si j'avais connu R., ce que je savais de lui, etc. Enfin après un quart d'heure environ M. Noël revint ; j'étais contente de les laisser seuls.

Le gendarme réitéra les mêmes questions que lors de sa première visite, et il ajouta :

— Que savez-vous de Mme R. ?

— Peu de choses ; lorsque R. travaillait pour moi, elle venait quelquefois apporter son ouvrage, mais je ne la connaissais pas assez pour en parler. Depuis que son mari s'est engagé, je ne l'ai jamais revue.

Satisfait, le gendarme partit.

Le 6 février nous eûmes une surprise. A 4 heures du matin, M. Noël vint frapper à notre porte. « Ouvrez vite, dit-il, j'ai quelque chose d'important à vous dire. » Nous nous levons, M. Noël dit à ma mère : « Habillez-vous vite, un gendarme est venu vous chercher de la part de M. R., il m'a remis un billet du mari de Madame ainsi conçu :

J'ai deux heures à rester à la gare. Venez, chère mère avec M. Noël, j'ai beaucoup de choses à vous dire, mais je ne désire

pas que ma cousine vous accompagne. Le gendarme qui vous
remettra ce mot est un bon garçon, il a déjà rendu beaucoup
de services à des amis, vovs pouvez avoir confiance en lui.

Ma mère s'habilla en hâte, elle sortit avec M. Noël,
le gendarme attendait et ils partirent tous les trois pour
la gare Montparnasse.

Ils arrivèrent, ma mère vit une grande quantité de
prisonniers, elle cherchait du regard mon mari, elle ne
pouvait le reconnaître, lorsque tout à coup, le gendarme
qui les accompagnait lui désigna où il se trouvait. Ma
mère fait quelques pas vers lui, mon mari s'élance
pour l'embrasser, il oubliait qu'il était enchaîné et
dans son élan, comme il était grand, il entraîna son
compagnon de chaîne ; ils faillirent tomber tous les
deux ; ma mère fut si émue de ce spectacle qu'elle
s'est évavouie. Heureusement qu'elle était accompagnée. Elle ne tarda pas à reprendre ses sens et put
rester à la gare jusqu'au moment du départ du train
qui emmenait tous ces pauvres malheureux détenus au
Mont-Valérien, en attendant qu'ils passassent au conseil de guerre.

Moi de mon côté, j'avais mis une grande activité
pour que tous les papiers et certificats fussent en ordre
pour être présentés au moment du jugement.

Nous attendions avec une grande anxiété le moment
fatal.

Le 10 février, le gendarme qui était déjà venu chercher ma mère, nous apporta de la part de mon mari
une lettre ainsi conçue :

Chère mère et chère sœur,

Je viens de subir un premier interrogatoire qui ne m'inspire rien de bon. On me dit qu'il est probable que je serai condamné à 10 ans de prison.

Plusieurs de notre bataillon qui ont été pris les armes à la main ont été acquittés. Comme moi ils avaient déjà fait dix mois de ponton. (C'était assez.)

Ils sont plus sévères pour les anciens militaires, nous disent-ils. « Un ancien garde impérial qui avait la médaille de Crimée et d'Italie, avec vos campagnes de la Loire ; qu'aviez vous à faire dans cette galère ? vous avez deshonoré le drapeau de la France, etc. »

Le 14 février dans la soirée, M. Noël reçut la lettre suivante :

St Germain en Laye, 14 février 1872.

A la Vénerie.

Monsieur,

Deux heures sonnent, je sors du conseil de guerre. Je suis condamné à deux ans de prison. Prenez patience, car je prends ma détention en bon courage.

Je vous prie de venir me voir sans faute demain jeudi, j'ai absolument besoin de vous voir, je compte sur vous.

Je vous remercie du certificat que vous m'avez envoyé, il m'a été d'une grande utilité.

Votre serviteur,

C. J. R.

Nous étions très affligés de cette nouvelle. Le jeudi, M. Noël est allé à St-Germain, selon le désir de mon mari, qui lui donna quelques détails sur le jugement et la condamnation qui venait de le frapper. Tout le jugement était dirigé contre moi, ils ont rendu mon mari responsable de mes actes devant la loi. Les deux témoins à charge étaient M. Astier et le garçon de café, duquel j'ai déjà parlé. Ce dernier ne reconnaissait même pas mon mari lorsqu'il fut devant lui. M. Astier ne disait que de bonnes choses de lui, à tel point que le lieutenant-colonel de la prévosté, dit à M. Astier : « Pourquoi avez-vous accusé cet homme si vous n'aviez rien contre lui ? » et il l'a fait sortir de l'audience.

Chaque certificat présenté a fait bénificier de deux années sa condamnation, il fut donc condamné à deux ans, s'il avait eu un certificat de plus à présenter, il aurait été sans doute acquitté et simplement banni, comme la plupart de ceux qui ont été acquittés, on les à tous obligés de quitter Paris.

Condamnation.

J. R. demeurant à Paris rue de Lille 44, marié, sans enfant.

14 février 1872. 7me conseil de guerre, 1re division militaire à St-Germain en Laye.

Port d'uniforme dans un mouvement insurrectionel. Deux ans de prison, dix ans de surveillance de la haute police.

(Tout homme valide était porteur d'un uniforme militaire à Paris depuis la guerre.)

St-Germain en Laye, à la Vénerie, 16 février.

Chère sœur,

Je serais bien content si quelqu'un venait me voir dimanche je peux partir d'un moment à l'autre pour une destination inconnue, j'aurai besoin de m'entendre pour mon mobilier. Je ne te demande pas de venir, je sais que tu ne peux pas sortir, mais M. Noël pourrait venir, dis aussi à ma cousine Marie Emery qu'elle vienne, il y a juste neuf mois que je ne l'ai vue, engage-la bien de venir, je déposerai une demande en son nom à la prévosté. Surtout venez l'un ou l'autre, etc.

19 février.

Chère sœur,

Dis à ma cousine Marie que je l'attends jeudi, sans faute, elle prendra le train à 11 heures du matin, pour Suresne, elle viendra directement au fort du Mont-Valérien, au dépôt des condamnés, si je n'y étais plus elle reprendra le chemin de fer pour Versailles, c'est à Satory qu'elle me trouvera.

Au moment où je finis ces lignes on est venu me prendre mon portrait et je pars pour le Mont-Valérien, maintenant je suis un condamné, je n'ai plus de nom, je suis le N° 444.

Au revoir, ma chère sœur, dans deux ans moins trois jours nous nous reverrons. Tu vois cela passe vite !... etc.

Le jeudi comme il était convenu, je prends le train de Suresne, je me rends au Mont-Valérien au dépôt, on me dit que R. était au camp de Satory.

Je dus reprendre le train pour Versailles. Dans cette ville, je suis arrivée par une chaleur excessive, on m'indiqua le château où je trouverais la Prévosté, devant la grille du château, il y avait une foule compacte composée de tous les éléments civils et militaires, beaucoup de police ; ce sont les plus redoutables ennemis pour moi. Enfin il me faut aller jusqu'au bout.

Je demande où il faut m'adresser pour avoir l'autorisation de visiter un prisonnier qui a été condamné le 11 février, venant du Tage. Je donne son nom, un gendarme me donne un numéro, m'introduit dans une immense galerie, au bout de laquelle il y a du côté gauche une très grande table servant de bureau. Cette table était entourée de soldats et de gendarmes qui faisaient bonne garde. On me fit mettre à la queue, on nous appelait par ordre alphabétique, du nom du condamné ; comme R est la dix-huitième lettre de l'alphabet et qu'il y avait beaucoup de monde devant moi, le temps me semblait bien long.

Ma présence dans ce milieu n'était pas sans quelques dangers pour moi. Le plus faible hasard pouvait me perdre. Je suis restée près de deux heures avant de passer; mon tour arrive, je suis devant la table fatale, il me semblait être devant un bureau inquisitorial, je craignais que le courage et le sangfroid ne m'abandonnassent. Sur cette table il y avait des quantités de dossiers épinglés et numérotés. On questionnait chaque visiteur. Je n'étais pas sans inquiétude.

— Comment vous appelez-vous ?

— Marie Emery.

— Où demeurez-vous ?

— A Courbouzon, près de Beaugency.

— Etes-vous parente du condamné J. R. ?

— Oui, monsieur, c'est mon cousin.

— Comment se fait-il que vous soyez à Paris, et depuis quand êtes vous à Paris ?

— Je suis à Paris depuis trois semaines, je suis venue pour voir mon cousin et je repartirai demain.

— Bien, passez! La visite se termine à 4 heures.

Comme j'étais heureuse que tout fût fini, j'avais chaud, je vous assure. Puis comme toujours, l'imagination en de tels moments, parcourt des kilomètres à la seconde. Il me semblait que tout le monde avait les yeux sur moi. Comme j'avais hâte d'être sortie de cet enfer !

Lorsque je fus dehors, on m'indiqua le chemin pour

me rendre à Satory (de sinistre mémoire); il était bientôt 3 heures et demie.

Je suivis la direction indiquée. A cette place il y a
des sentinelles qui se promènent de long en large, il
était tard, les visites s'abrégeaient, je regarde au loin,
je crois reconnaître mon mari qui interrogeait l'espace,
il commençait à être inquiet. Il n'était pas encore
revêtu de son costume de prisonnier; sans être brillant,
il était très soigneux et très propre. Il avait toujours
porté son pantalon bleu, le même qu'il avait à Passy
lors de son arrestation; mais comme sur les pontons,
ils n'avaient pas de chaises, ils s'asseyaient en tailleur,
ou se mettaient à genoux, cette pose était sans doute
celle qu'il préférait, car il avait la place des genoux de
son pantalon presque blanche, mais sans tache.

Lorsqu'il m'aperçut, il accourut à ma rencontre, il
pleurait de joie. « Comme j'avais peur que tu ne
viennes pas; depuis 2 heures je te guettais, je commençais à ne plus espérer. (Ce fut notre dernière entrevue
jusqu'au 18 février 1874.)

CHAPITRE XXVII

Six mois se passèrent, nous étions relativement tranquilles. Un soir à 10 heures, nous entendîmes des pas lourds dans l'escalier ; depuis que nous habitions dans cette maison, excepté une demoiselle Lefèvre, personne n'avait pénétré dans notre chambre.

Ce soir-là un murmure inaccoutumé se fit entendre. Ma mère me dit :

— C'est la police, cache-toi, je t'en prie !

— Où voulez-vous que je me cache, sous le lit ? et je mis à rire de l'idée. Jamais de la vie ! si ce sont eux, tant pis.

Au même moment ma propriétaire à laquelle j'avais tout dit, pousse discrètement la porte de notre chambre : « C'est la police ; que Madame Victorine entre vite dans ma chambre. » Je suivis cette dame, Mlle Lefèvre m'accompagne emportant un petit paquet à sa main, c'était des lettres de mon mari et de quelques amis.

La porte de l'appartement de ma propriétaire refermée, on frappa à notre porte ; ce sont alors deux gaillards, le commissaire de police et un agent de la secrète :

— Où est la nommée V. R., votre fille ? Nous savons qu'elle habite avec vous dans cette chambre.

— Eh bien, cherchez ! leur répondit ma mère.

Ils fouillèrent. La chambre n'étant pas grande, la visite fut vite finie.

Comme le sang-froid m'avait déjà sauvée plus d'une fois, je voulus renouveler l'expérience à mes risques et périls.

J'étais toujours habillée en noir, je fis part de mon idée à ma propriétaire ; elle me prêta un grand voile de deuil et un châle de cachemire, dit châle en quatre, Mlle Lefèvres et moi nous descendîmes les escaliers. La porte assez étroite de la maison était gardée par trois agents de la police secrète, ils eurent la complaisance de s'effacer pour nous laisser passer. Pendant qu'on perquisitionnait chez moi, j'ai pu remarquer que la maison d'en face était aussi gardée.

Ces gens-là se font une idée si étrange des personnages qu'ils poursuivent. Ils me supposaient grande, forte, un colosse avec des griffes, des flammes jaillissant de mes yeux, un monstre enfin, aussi légendaire que les pétroleuses que je n'ai jamais rencontrées.

J'étais et je suis encore petite, simplette ; j'avais l'air comme il faut ! je prétends l'être et l'avoir été, comme il faut !

Avec mon amie, nous partîmes sans nous précipiter, nous remontâmes ainsi la rue St-Martin jusqu'à la rue Réaumur, dans laquelle nous nous sommes engagées, mais dès que nous fûmes hors des regards indiscrets, nous nous sommes dépêchées de gagner le numéro 15, où nous montâmes. Nous étions sûres de n'avoir pas été suivies. J'étais donc sauvée.

M. et Mme Vaillant étaient fabricants de chaussures.

Nous leur dîmes ce qui venait d'arriver, ils me reçurent très bien. « Maintenant, me dirent-ils, vous ne pouvez plus rester à Paris. »

Voilà quinze mois et demi que les évènements sont passés, on arrête et condamne toujours, il n'y a rien à espérer ; il vaut mieux que vous alliez à l'étranger.

— Mais où aller ? et maman, je ne peux pas la laisser ainsi.

— Ne vous inquiétez pas de votre mère, nous en aurons soin, elle restera chez M. Noël tant qu'elle voudra et si elle venait à quitter, elle viendrait ici. Dans dix-huit mois votre mari sera libre, alors vous pourrez vous réunir tous les trois.

— Mais ma mère ne m'a jamais quittée, elle sera désespérée.

— Votre mère est trop raisonnable, elle comprendra.

— Mais où aller ? en Angleterre il faut connaître la langue.

Je me suis souvenue qu'à Genève il y avait un jeune peintre décorateur, Corfus, de notre bataillon qui avait été sur les pontons avec mon mari, fut acquitté, mais expulsé de Paris et de France. Je lui écrivis, peu de jours après il me fit une réponse dans laquelle il m'indiquait le chemin le plus favorable pour quitter la France ; la voie ferrée par Bâle était encore sous la direction des Prussiens, il serait moins dangereux de passer par là que par Bellegarde. Mme Vaillant me prêta ses papiers, et deux semaines plus tard, je quittai ma mère.

Avant de quitter mon cher Paris, auquel j'ai tout sacrifié et pour lequel j'avais lutté, je voulus encore une fois visiter les tombes de mes enfants.

Au cimetière de la Chapelle, où mon fils aîné était enterré, rien n'était en désordre. Le lendemain je suis allée au cimetière de Montparnasse, quel désastre! la terre était labourée, les tombes arrachées, piétinées ; le porte-couronne de la tombe de mon dernier fils était tordu et percé de plusieurs balles. J'ai retiré une couronne en perles à moitié brisée ; c'est tout ce qui me restait de ce que j'avais possédé, triste épave du passé. La tombe de notre petit adoptif était dans le même état. Il y avait eu des combats terribles dans ce cimetière.

Sans doute de malheureux fédérés auront voulu se réfugier là, pensant que leurs adversaires respecteraient les tombeaux, mais il n'en fut rien.

Enfin, le jour de mon départ arriva ; je fis mes adieux aux personnes qui avaient été bonnes pour moi, et le cœur meurtri, j'embrassai ma mère, laquelle pleurait amèrement.

Par prudence mes amis ne voulurent pas qu'elle m'accompagnât à la gare. Mlle Lefèvres et moi nous montâmes dans un fiacre et nous nous dirigeâmes vers la gare de l'Est où je devais prendre le train en partance pour Bâle. Mon amie m'installa dans un compartiment, elle me quitta au signal du départ. Quelques instants encore, elle me fit des signes amicaux, Paris disparut au loin ; bientôt il n'est plus qu'un point presque imperceptible.

Ce trajet me parut long et pénible, il y avait des

arrêts continuels ; l'inquiétude de l'issue de mon voyage me hantait. Je me blottis. dans un coin du compartiment ; je voulus lire sans y parvenir, la nuit me parut sans fin. Lorsque vint le jour, j'étais plus triste encore ; dès que je mettais la tête à la portière, je voyais à toutes les stations des soldats allemands, l'arme au bras sur les quais, faisant circuler les voyageurs.

J'avoue que j'ai peu observé le paysage, mon esprit était trop préoccupé. Cependant quelqu'un me fit remarquer une colline assez élevée, au sommet de laquelle, il y a une chapelle. Nous étions à Vesoul.

Nous roulons encore deux heures et nous arrivons à Belfort. Il y avait une grande animation. C'était le jour où les Alsaciens et les Lorrains qui avaient opté pour la France devaient quitter leur pays. (1er octobre 1872.) Ce spectacle ne manquait pas de grandeur patriotique. De bonnes vieilles grand'mères, en costume alsacien, sur leur coiffe un immense nœud en crêpe noir, en signe de deüil, accompagnées de jeunes enfants filles et garçons, se tenaient en rangs devant la barrière qui séparait le quai de la voie. Au moment où le coup de sifflet du départ retentit, il y eut une touchante manifestation en l'honneur des jeunes Lorrains qui, pour rester Français, quittaient leur famille. Tous les assistants chantèrent le refrain patriotique (l'Alsace et la Lorraine).

> Vous n'aurez pas l'Alsace et la Lorraine
> Et malgré vous nous resterons Français.
> Vous avez pu germaniser la plaine
> Mais notre cœur, vous ne l'aurez jamais.

Les bonnes grand'mères elles-mêmes et les enfants répétaient en chœur ce refrain.

Notre train continua sa route. Lorsque nous arrivâmes à Petit-Croix, dernière station avant la frontière, j'eus une émotion. On ouvrit les portières et des soldats allemands accompagnés d'un gendarme français, vinrent demander aux voyageurs leurs papiers; je donnai la patente que m'avait confiée Mme Vaillant.

Le gendarme parcourut le papier et me dit : « Etes-vous bien Madame Vaillant. »

— Oui.

— Bien, passez.

Ce fut tout. Cependant je n'étais pas encore complètement rassurée. Après la visite des papiers nous continuâmes notre route jusqu'à Mulhouse et de là à Bâle où tous les voyageurs descendirent. Je fus fort déçue, j'avais espéré continuer ma route jusqu'à Genève où j'étais attendue. Mais en Suisse, les trains ne voyageaient pas la nuit en ce temps-là. Je fus obligée de coucher à l'hôtel.

Enfin, j'étais sur la terre d'exil !

Voici comment la France d'alors récompensa ses défenseurs.

FIN DES SOUVENIRS D'UNE MORTE VIVANTE

Ce volume pourra être suivi d'un autre racontant la vie intime, la proscription de l'auteur et son activité politique après l'amnistie jusqu'au Congrès de Londres en 1881.

ERRATA

page	ligne	au lieu de	lisez
7	20	il y eu	il y eut
10	11	adjoign*it*	adjoignit
17	22	Voges	Vosges
18	12	bombrader	bombarder
26	23	rein	rien
28	19	aurait	avait
31	27	*nous* nous verrons	nous verrons
33	2	lettré	lettres
33	28	tous pris	tout pris
48	23	Lammennais	Lamennais
66	19	Mirrha	Myrha
66	23	longtemps	longtemps au travail
81	10	emveloppé	enveloppé
133	28	frans	francs
142	8	surprise	surprise
157	14	maisons	maisons
169	5	silouhettes	silhouettes
172	15	remerçiai	remerciai
172	11	veslibule	vestibule
174	19	dit	dis
175	5	dit	dis
178	27	republque	république
184	13	suplie	supplie
184	23	cependan	cependant
189	5	commune	Commune
197	18	*des* intentions	l'intention
200	4	sommation	sommations
223	28	laisser-passer	laissez-passer
228	3	nons	nous
247	6	garcon	garçon
247	16	adandonnez	abandonnez
255	5	attrappe	attrape
271	3	travers	traverse
276	27	les fenètre	les fenêtres
277	11	tranquile	tranquille
279	19	pendante	pendante
280	1	mitieu	milieu
280	4	cerceuil	cercueil
286	5	voulois	voulais
299	3	vors	vous
303	11	*le* n'étais pas	Je n'étais pas

9 782329 523941